www.tredition.de

AF215642

MICHAEL UCHE IGBOANUGO

JENSEITS DER GRENZEN ZWISCHEN LEBEN UND TOD

EIN NAHTODERLEBNIS UND ERGREIFENDES ZEUGNIS EINER WAHREN BEGEBENHEIT VON MICHAEL IGBOANUGO

www.tredition.de

© 2017 MICHAEL UCHE IGBOANUGO

Verlag: tredition GmbH, Hamburg

ISBN
Paperback: 978-3-7439-0971-7
Hardcover: 978-3-7439-0972-4
e-Book: 978-3-7439-0973-1

Printed in Germany

aus dem Englischen

Titel der Originalausgabe: „Beyond the Borders of Life and Death – A true near-death experience and a touching life testimony of Michael Igboanugo"

Aus dem Englischen von Ulrike Regner

MICHAEL UCHE IGBOANUGO

JENSEITS DER GRENZEN ZWISCHEN LEBEN UND TOD
EIN NAHTODERLEBNIS UND ERGREIFENDES ZEUGNIS EINER WAHREN BEGEBENHEIT VON MICHAEL IGBO-ANUGO

Dieses Buch ist meiner Mutter gewidmet, Onoluchukwu Katrine Igboanugo. Geliebte Mum, physisch bist du nicht mehr hier, aber in meinem Herzen lebst du weiter. Ich bin Gott so dankbar, dass Er mir dich als Mutter gab; würde Gott mich Millionen Mal auf diese Welt schicken und dürfte ich mir eine Mutter aussuchen, so würde ich immer wieder dich wählen. Ich weiß, dass du vom Himmel auf mich herabschaust, um zu sehen, was aus mir geworden ist. Danke, dass du mich und meine Geschwister gelehrt hast, Gott zu fürchten. Wie es in der Bibel heißt: „Erzieh den Knaben für seinen Lebensweg, dann weicht er auch im Alter nicht davon ab" (Sprüche Salomos 22:6).

Mum, ich verspreche, dass ich niemals vom Weg des Herrn abgehen werde, den du mit all deiner Mühe uns gelehrt hast, und dass ich ihn an deine Enkelkinder weitergeben werde, im Namen Jesu. Amen!

Danksagungen

Zutiefst dankbar bin ich unserem allmächtigen Vater, dem Schöpfer des Himmels und der Erde und von allem, was darauf und darinnen und darunter ist – dem „Ich Bin Der Ich Bin", dem bedingungslos liebenden Vater. Ich danke Dir, Herr, dafür, dass Du mir so viele Gelegenheiten im Leben gegeben hast, um für Dich und Dein erhabenes Königreich Zeugnis abzulegen; und ganz besonders dieses außergewöhnliche Zeugnis – indem Du mir in Deiner bedingungslosen Liebe erlaubt hast, einen Blick davon zu erhaschen. Danke, Herr, dass Du mich auf diese Erde zurückschicktest, so gesund wie möglich an Geist und Seele, damit ich das, was ich gesehen habe, bezeugen und mein Zeugnis mit der Welt teilen kann.

An meine Frau, Sabine: Ich danke dir für all deine Liebe und Unterstützung und besonders dafür, dass du ein so geduldiger, nachsichtiger Mensch bist. Ich werde Gott immer dankbar sein, dass Er mir dich zur Frau gegeben hat, denn für mich bist du mehr als eine Ehefrau. Du bist gleichzeitig wie eine Mutter, eine Freundin, ein Schutzschild. Wie es in der Bibel steht: „Eine tüchtige Frau ist die Krone ihres Mannes, eine schändliche ist wie Fäulnis in seinen Knochen" (Sprüche Salomos 12:4). Mein Hase, Du hast es mir bewiesen, sowohl physisch als auch spirituell.

An Reverend Francis: Du bist einer meiner Schutzengel. Danke, dass du während der ganzen Zeit für mich und meine Familie da warst – von dem Moment an, als ich das Bewusstsein verlor, während der ganzen Zeit, als ich im Koma lag, bis zum Moment, als ich aufwachte. Ich möchte dir danken für all deine Gebete, denn sie drangen bis zum Himmel und klangen laut in Gottes Ohren. Ich traf dich im Geiste, und du betetest noch immer für mich. Möge Gott dich weiterhin segnen in Jesu Namen. Amen!

An Reverend Ambrose Abejide Olowo: Vater! Ich bin für immer dankbar für deine ermutigenden Worte, nachdem du meine Geschichte gehört hattest. Es war zu viel für mich, und du warst derjenige, der mich ermutigt hat, mit dem Schreiben einfach an irgendeiner Stelle anzufangen. Ich erinnere mich noch an deine Worte, als du sagtest: „Du bist der Einzige, der die Geschichte so erzählen kann, wie sie ist; also fang an zu schreiben." Daraufhin nahm ich einen Stift und ein Blatt Papier, und der Rest ist Geschichte, durch die Hilfe des Heiligen Geistes. Vater, deine Stimme war die Stimme Gottes und ich danke Ihm dafür, dass er dich dafür benutzt hat.

An Esther Adomako: Du bist meine Schwester von einer anderen Mutter. Danke für alles, was du für meine Familie getan hast, und für all deine Gebete. Dein Lohn ist im Himmel.

An Anita: Danke dafür, dass du immer vorbeigekommen bist, um für die Kinder zu sorgen, während meine Frau mich im Krankenhaus besuchte. Du spieltest eine der wichtigsten Rollen, die genau zu diesem Zeitpunkt gebraucht wurden. Gott wird ganz gewiss dich und deine Familie segnen.

Inhaltsverzeichnis

Prolog

Einleitung

1 Meine Mutter

2 Die Toten hören uns

3 Über mich

4 Gottes Pläne sind immer anders als die unseren

5 Der Tag, an dem es passierte

6 Der Beginn einer Reise, die mein Leben für immer veränderte

7 An der Pforte zum Himmel

8 Zurück auf der Erde

9 Der Engel des Todes

10 Du betetest für mich in der physischen Welt, aber ich sah dich im Geiste

11 Im Geiste zurück in Österreich

12 Ich fiel in die Schatten des Todes

13 Ich sah den Teufel in Form einer hässlichen Meerjungfrau

14 Und wieder rettete mich mein Schutzengel

15 Zurück ins Leben

16 Bedeutsame Ereignisse

17 Fragen, die man mir stellte

18 Mein Wunsch

Prolog

Als 2007 mein Mann nach Magenblutungen zusammenbrach, war ich gerade hochschwanger mit unserem Sohn Joshua. Ich dachte, nichts könnte dieses furchtbare Ereignis noch überbieten. Es war damals sehr schwer für mich - ohne dass ich wusste, dass einige Jahre später eine noch viel schwerere und gefährlichere Situation folgen würde. Die Beziehung zwischen uns war immer eine ganz besondere und ich hatte das deutliche Gefühl, dass Gott Seine besonderen Gründe dafür hatte, dass Er uns beide zusammengeführt hat.

In der Zeit, als er im Koma lag, versuchte ich, ihn so oft wie möglich zu besuchen, wann immer meine Kinder im Kindergarten und in der Schule waren. Ich musste zweimal am Tag zum Krankenhaus laufen, um meinen Mann zu sehen. Die Ärzte von der Intensivstation waren so nett zu mir, und sie erlaubten mir, so oft zu kommen, wie ich wollte. An den Wochenenden kam meine Freundin Anita mit ihren Kindern zu uns nach Hause, um sich um meine Kinder zu kümmern. Sie war die größte Hilfe für mich, die ich in dieser Zeit brauchte, und ich bin ihr so dankbar dafür, dass sie für mich da war. Ich möchte bei dieser Gelegenheit auch Reverend Francis danken - für seine Gebete und spirituelle Unterstützung in dieser schweren Zeit.

In der ersten Woche, in der mein Mann im Koma lag, sagten mir die Ärzte, dass sie nicht wüssten, ob er überleben würde, und wenn er überlebte, könne niemand sagen, ob er wieder sprechen, gehen und ein normales Leben führen könne. Ich betete so inständig zu Gott, mir meinen Mann zurückzuschicken, und dass er so gesund wie möglich würde. Ich bin überzeugt davon, dass ich ohne meinen Glauben an Gott und ohne die Liebe, die ich für meinen Mann empfinde, nicht in der Lage gewesen wäre, die Situation zu bewältigen. Es war Gott, der mich durch diese schwere Zeit hindurch geleitet hat.

Am dritten Tag sah ich meinen Mann im Traum. Er sagte zu mir, er müsse für lange Zeit fortgehen, aber er versprach mir, dass er zurückkehren werde. Sein Kopf war mit einer Bandage umwickelt. Ich war in Panik und fragte ihn: „Warum verlässt du uns? Und wann kommst du zurück?" Er antwortete: „Ich weiß nicht warum, aber denke an das Datum 20. April. Dann werde ich wieder da sein." Dann verließ er die Wohnung mit seinem Gepäck und ich erwachte mit Tränen in den Augen.

Am Tag, als er aus dem Koma erwachte, kam er wieder im Traum zu mir und sagte: „Hase! Wach auf und mach dich fertig. Komm zum Krankenhaus, denn heute werde ich meine Augen öffnen." Ich wachte auf und konnte es kaum erwarten, ihn zu sehen, und so rief ich meine Freundin Rosie an und bat sie, mich abzuholen und so schnell wie möglich zum Krankenhaus zu fahren, weil mein Mann gleich aufwachen würde. Zuerst dachte meine Freundin, ich machte einen Scherz. Sie kam und brachte mich zum Krankenhaus und wartete draußen auf mich. Und dann die Überraschung: Kaum hatte ich sein Zimmer betreten und hielt seine Hände, da öffnete er die Augen - zum ersten Mal nach fünf Wochen im Koma. Das Unglaubliche war, dass es der 20. April war – genau der Tag, von dem er in meinem Traum gesprochen hatte. Ich war so erstaunt über die Wunder, die nur der Allmächtige Gott im Leben seiner Auserwählten wirken kann.

Seitdem sind wir in unserem Glauben und in unserer Liebe weiter gewachsen. Das Leben ist ein Geschenk Gottes, und ich bin so dankbar für jeden einzelnen Augenblick mit meinem Mann.

· Sabine Puschner-Igboanugo

Einleitung

Als Erstes möchte ich ein paar Worte über meine Herkunftsfamilie und über mich selbst vorausschicken. Mein Name ist Michael U-che Igboanugo und ich stamme aus dem Dorf Ejighinandu, Awka-Etiti, Bezirksverwaltung Idemmiri South, Bundesstaat Anambra, Nigeria.

Ich stamme aus einer sehr großen, polygamen Familie. Mein Vater war mit zwei Frauen verheiratet; die Umstände, die dazu geführt hatten, waren kompliziert und außerhalb seiner Kontrolle - aber darauf komme ich später zurück. Von Seiten meiner Mutter waren wir eigentlich insgesamt zehn Kinder, aber sie verlor ihre erste Tochter im Alter von vier Monaten, so dass wir nur noch neun Kinder waren. Ich habe drei Schwestern und fünf Brüder. Ich bin das fünfte Kind und der dritte Sohn meiner Mutter.

1

Meine Mutter

Von allen meinen Brüdern und Schwestern hatte ich schon immer
– und habe ich auch heute noch – eine sehr starke und ganz besondere Beziehung zu meiner Mutter. Ich erinnere mich, wie sie mir
immer sagte, ich sei von allen ihren Kindern ein ganz besonderes
Kind, das eine besondere Rolle in unserer Familie zu spielen habe.
Deshalb gab sie mir den Namen Michael, nach dem Erzengel Michael, dessen Auftrag es ist, die Kinder Gottes zu beschützen und
gegen Luzifer, den Feind unserer Seelen, und dessen Reich der
Finsternis zu kämpfen.

Meine Mutter war ein sehr guter Christ und hatte einen starken
Glauben an Gott. Sie war eine sehr arbeitsame Frau, die unter Ar-
mut zu leiden hatte, um neun Kinder allein großzuziehen. Trotz der
Herausforderungen und Kämpfe in ihrem Leben ließ sie sich nicht
davon abbringen, alle ihre Kinder in der Ehrfurcht vor Gott zu er-
ziehen, indem sie selbst es uns vorlebte. Und sie verlor nie ihren
Glauben, nicht ein einziges Mal. Sie lehrte uns so viel über Gott,
über Jesus Christus, den Erlöser, und über Himmel und Hölle. Sie
ermahnte uns immer wieder, dass die Sünde dazu führt, dass Gott
und unsere Schutzengel den Blick von uns abwenden und dass genau in dem Moment der Teufel die Gelegenheit findet, zu kommen
und uns anzugreifen.

Was sie zutiefst hasste, war die Unzucht. Sie sagte, Gott hasse diese so sehr und deshalb sollten wir ein Leben in Keuschheit führen, bis wir alt genug seien, um schließlich zu heiraten.

Meine Mutter hatte eine körperliche Schwäche, die sie jedoch akzeptieren konnte, dank ihres Glaubens daran, dass sie mit Jesus ihr eigenes Kreuz zu tragen habe. Sie litt unter einer Hörbehinderung, die sie aber nicht von Geburt an hatte. Es war das Ergebnis der Bosheit ihres Mathematiklehrers, nachdem sie seine Avancen und sein Heiratsangebot abgewiesen hatte. Dies geschah, als meine Mutter in der Klasse „Standard 6" war. Sie war nicht besonders gut in Mathematik, aber ihr Lehrer mochte sie gern und wollte sie heiraten. Er ging sogar zu ihrem Vater und hielt um ihre Hand an, wie es damals nach afrikanischer Tradition üblich war, aber sie lehnte sein Angebot ab, einfach nur deshalb, weil sie ihn nicht mochte.

Und eines Tages, bei einem Mathe-Test, gehörte meine Mutter zu den Schülerinnen, die durchfielen. Der Lehrer schrieb die Korrekturen an die Wandtafel, wischte sie dann ab und forderte meine Mutter auf, dieselben Korrekturen, die er zuvor gemacht hatte, nochmals zu schreiben. Natürlich gelang es ihr nicht; daraufhin begann der Lehrer, aus Wut und Rache heraus, sie links und rechts mit der flachen Hand zu schlagen. Unglücklicherweise landeten seine Hände genau auf ihrem linken und ihrem rechten Ohr, so dass beide Ohren zu bluten begannen, wobei sich etwas ergoss, was wie Wasser, vermischt mit Blut, aussah. Von da an hatte meine Mutter ihre Hörfähigkeit verloren. Sie wurde von ihren Eltern zu verschiedenen Kliniken gebracht und die Ärzte stellten fest, dass das Trommelfell beider Ohren beschädigt worden war.

Wir Kinder waren die Einzigen, die wussten, wie man am besten mit ihr kommunizieren konnte. Wir benutzten keine Zeichensprache. Wir sprachen einfach nur leise, und sie konnte unsere Worte von den Lippen ablesen. Sie sagte, wenn jemand laut spreche, höre sie nur ein lautes, bedeutungsloses Geräusch im Ohr; aber wenn jemand leise sprach, konnte sie irgendwie verstehen, indem sie von den Lippen las.

Meine Mutter wollte Lehrerin werden, aber aufgrund ihrer Hörbehinderung konnte sie ihren Traum nicht verwirklichen. Stattdessen lehrte sie uns zuhause Englisch und das Studium der Bibel.

Ich erinnere mich an ein Gespräch, als ich etwa fünfzehn Jahre alt war. Ich unterhielt mich mit ihr und stellte ihr viele Fragen – z.B. warum sie meinen Vater geheiratet hatte, ob sie ihn liebte und wie es zu ihrem Hörproblem gekommen war. Und ich sagte zornig: „Mum! Zeig mir diesen gemeinen Mathematiklehrer, damit ich ihn auf der Straße festhalten und ihm mit aller Kraft auf die Ohren schlagen kann, genauso, wie er es mit dir gemacht hat. Er soll den gleichen Schmerz fühlen, den du jetzt durchmachst."

Und sie erwiderte mit einem sanften Lächeln: „Mein Sohn, dieser Mann, von dem du sprichst, ist schon sehr alt und sehr krank und kann kaum noch gehen. Außerdem habe ich ihm schon längst vergeben. Gott weiß, weshalb mir dies geschehen ist, und ich habe es als mein eigenes Kreuz angenommen. Vielleicht ist es meine Fahrkarte in den Himmel, denn es gibt viele böse und schmutzige Dinge auf dieser Welt, die ich nicht hören muss."

Sie sagte all dies mit einem gewissen Humor und ich wunderte mich sehr, wie sie so leicht jemandem vergeben konnte, der vorsätzlich ihre Träume und ihre glänzende Zukunft zerstört hatte, und wie sie ihn ungestraft davonkommen ließ. In diesem Moment überlegte ich, welche Frage ich ihr als Nächstes stellen konnte, aber mir fiel nichts ein. Also beschloss ich, etwas zu sagen, was sie glücklich machen würde.

Ich sagte: „Mum, ich verspreche dir: Wenn ich erwachsen bin und reich werde, dann werde ich dich zu den besten Ohrenärzten in Europa oder Amerika bringen, die deine Ohren noch einmal untersuchen können. Und selbst wenn es so sein sollte, dass sie deine Ohren operieren müssen, dann werde ich alles bezahlen, egal wieviel, damit du wieder hören kannst. Ich will, dass du glücklich bist. Ich kann es kaum erwarten, wie du reagieren wirst, wenn du zum ersten Mal wieder hören kannst.“

Über ihre Antwort war ich enttäuscht; aber jetzt, da ich alt genug bin, um zu verstehen, was sie meinte, ist dies zu meiner Lieblingserinnerung geworden, wann immer ich an meine Mutter denke. Sie lächelte und sagte: „Mein Sohn, wer hat dir denn gesagt, ich wäre nicht glücklich? Wenn ich mich recht erinnere, ist diese Welt nicht unser Zuhause, und eines Tages gehen wir alle heim zu unserem Vater. Das allein genügt, um mich glücklich zu machen. Und wenn du mich ernsthaft glücklich machen willst, dann sorge dafür, dass du ein gutes Leben führst, damit du in den Himmel kommst, wo ich geduldig darauf warten werde, dich wiederzusehen. Mein größter Wunsch auf dieser Welt ist es, im Himmel mit allen meinen Kindern wieder vereint zu sein. Keiner von euch soll fehlen.“

Bis heute habe ich ihre Worte nie vergessen. Sogar ihre Stimme, als sie diese Worte sprach, klingt noch heute in meinen Ohren, als sei es erst gestern gewesen.

Über meinen Vater

Mein Vater war ein sehr intelligenter Mann und sehr talentiert. Obwohl er die standardmäßige Grundschule nicht besucht hatte, gelang es ihm, von einem Engländer einen Job zu bekommen, bei dem er elektronische Geräte einrichten und reparieren musste, z.B. Radios, Fernseher, Lautsprecher, Verstärker, Mikrofone etc. Er schloss seine Ausbildung mit hervorragenden Beurteilungen seines Meisters ab und eröffnete sein eigenes Elektronik-Reparaturgeschäft, in dem er mehrere Jahre arbeitete.

Etwas Außergewöhnliches, was mein Vater zu seinen Lebzeiten tat, begann damit, dass er in Aba im Bundesstaat Abia ein Kino besuchte, das von den Briten zur Kolonialzeit gebaut worden war. Er schaute sich nur die Bauweise und das Design des Kinos an und als er später in sein Dorf zurückkam, baute er sein eigenes Kino – das erste westafrikanische Kino in den 60er Jahren. Er machte so viele verschiedene Dinge; daneben war er der „Stadtschreier" von Jim Nwobodo und Nnamdi Azikiwe, dem ersten Staatspräsidenten von Nigeria seit der Unabhängigkeit Nigerias.

Es war während der Zeit der NPP (Nigerian People's Party) und der NPN (National Party of Nigeria), der beiden wichtigsten politischen Parteien in den 70er Jahren. Ich erinnere mich, wie er mit uns Kindern in seinem Peugeot-Wagen fuhr, auf dem oben große

Lautsprecher angebracht waren, die mit einem sehr alten Audioverstärker verbunden waren. Er fuhr mit uns durch das ganze Dorf und die Nachbardörfer, mit seiner linken Hand am Lenkrad und in der rechten Hand ein Mikrofon. Er rief ins Mikrofon: „NPP!" und reichte dann das Mikrofon an uns auf dem Rücksitz, und wir antworteten, so laut wir konnten: „Superpower!" Dies waren die einzigen schönen, unvergesslichen Momente mit meinem Vater, an die ich mich noch erinnern kann. Wir machten diese Kampagne fast jeden zweiten Tag, vor allem an den Wochenenden. Am Ende des Tages bekamen wir immer Belohnungen, z.B. Kekse und Gebäck und Soft Drinks wie Coca-Cola, Fanta und Sprite. Wir hatten so viel Spaß. Andere Kinder aus verschiedenen Dörfern waren so neidisch auf uns.

Mein Vater war in unserem Dorf sehr einflussreich und angesehen, weil er vieles konnte und erreicht hatte. Zum Beispiel waren wir die erste Familie, die einen Stromgenerator im Haus hatte; jeden Abend gegen acht Uhr stellte mein Vater ihn an und wir hatten elektrisches Licht, als einziges Haus im ganzen Dorf. Dies allein schon war zu damaliger Zeit alles andere als selbstverständlich. Es war etwas, das ihm viel Bewunderung einbrachte.

Meine Kindheit

In der ersten Zeit meiner Kindheit hatte ich viel Spaß, aber im Laufe der Zeit, als wir älter waren, wurde alles anders. Mein einst so liebevoller Vater wurde allmählich so fremd und in sich zurückgezogen. Er wurde so aggressiv, dass wir Kinder Angst vor ihm hatten. Er schrie und brüllte uns an, wenn wir auch nur die geringste Bewegung machten. Mein Vater hatte eine sehr laute

Stimme, die wie Donner klang. Manchmal war es uns lieber, geschlagen zu werden, als zu hören, wie er uns anschrie.

Während ich heranwuchs, gab es viel Chaos, Hass, Wut, Eifersucht, Vertrauensbruch, Streitereien, Zurückweisung, Misshandlung, Blut, Betrug, Alkohol, Lügen, Verleugnung, Spaltung, Diskriminierung und Rassismus in höchstem Maße. Manchmal war mein Vater gegen meine Mutter, meine Mutter gegen meinen Vater, meine Stiefmutter gegen meine Mutter, mein Vater gegen meine Stiefmutter, und schließlich die ganze Familie – jeder gegen jeden.

All diese schlimmen Erlebnisse sind das, was von meinen Kindheitserinnerungen übrig geblieben ist, selbst jetzt, da ich dieses Buch schreibe. Wenn ein Mann zwei Frauen heiratet, kommt es immer zum Krieg zwischen den beiden Frauen und auch zwischen ihren Kindern – das ist allgemein bekannt. Eifersucht und grundloser Hass gehörten zur Tagesordnung. Die ganze Familie war immer chaotisch, und es gab nie Frieden in der Familie. Mein Vater hatte keine Zeit und auch keine Chance, alle seine Kinder gleichermaßen zu lieben. Könnt ihr euch vorstellen, dass mein Vater manchmal sogar unsere Namen vergaß, weil wir so viele waren? Meine Mutter hatte neun Kinder und meine Stiefmutter sieben – also insgesamt waren wir sechzehn Kinder. Welcher Mann auf dieser Welt könnte in einer so chaotischen Situation die Namen aller seiner Kinder behalten?

Manchmal werfe ich meinem Vater vor, dass er zwei Frauen geheiratet hat, und manchmal werfe ich meiner Mutter vor, dass sie sein Heiratsangebot angenommen hat. Wie meine Mutter sagte, war es wegen ihres Hörproblems sehr schwierig für sie gewesen, einen Mann zu finden, der sie heiratete. Viele reiche Männer hielten um ihre Hand an, aber sobald sie bemerkten, dass sie Hörprobleme hatte, verschwanden sie auf Nimmerwiedersehen. Meine Mutter war so schön; sie war wie eine afrikanische Königin und stammte aus einer guten Familie. Ihr einziges Manko war ihre Schwerhörigkeit. Als schließlich mein Vater kam, erzählten ihm die Leute von ihrer Schwerhörigkeit und er sagte, es sei kein Problem für ihn; er möge sie dennoch und wolle sie heiraten. Und so hatte meine Mutter keine andere Wahl und heiratete den einzigen Mann, der sie so akzeptierte, wie sie war.

Nach der Hochzeit erfuhr meine Mutter, dass mein Vater sie aus einem ganz bestimmten Grund unbedingt heiraten wollte: seine erste Frau, also meine Stiefmutter, hatte ihn mit vier Kindern sitzen gelassen. Wie mein Vater erzählte, sei er eines Tages nach Hause gekommen und sah seine vier Kinder weinen, und ihre Mutter war nirgendwo zu finden. Nachbarn erzählten ihm später, dass sie mit einigen Soldaten - ihrem Bruder und dessen Freunden, die beim Militär waren – weggegangen sei. Dies ereignete sich während des nigerianischen Bürgerkrieges, etwa zwischen 1967 und 1970.

Aufgrund der Situation, in der mein Vater sich befand, hatte er Angst, auch in den Krieg gezwungen zu werden, so dass es niemanden mehr gebe, der für seine vier Kinder sorgen konnte. Deshalb beschloss er, eine andere Frau zu finden, die, falls er in den Krieg gehen müsste, für seine vier Kinder sorgen würde.

Nachdem der Krieg 1970 zu Ende war, erfuhr meine Stiefmutter, dass mein Vater eine andere Frau geheiratet hatte, die nun für ihre

Kinder sorgte. Sie war so verärgert, dass sie beschloss, zurückzu-kehren. Inzwischen war meine Mutter bereits mit ihrem ersten Kind, Ngozi, schwanger, das jedoch starb, als es etwa vier Monate alt war.

Nachdem meine Stiefmutter zurückgekehrt war, gab es nie wieder Frieden in unserer Familie, und vor allem im Leben meines Vaters. Einerseits versuchte ich zu verstehen, warum meine Stiefmutter verärgert war, dass mein Vater in ihrer Abwesenheit eine andere Frau geheiratet hatte. Welche Frau würde sich freuen, wenn sie er-fährt, dass ihr Mann eine andere Frau hat? Andererseits versuchte ich aber auch, die Situation meines Vaters zu verstehen. Er befand sich in einer schwierigen Situation; wenn er im Krieg sein Leben verloren hätte, wäre niemand da gewesen, um für seine Kinder zu sorgen.

Bei alledem konnte ich aber auch die Situation meiner Mutter ver-stehen, für die es wegen ihrer Hörprobleme schwer war, einen Mann zum Heiraten zu finden. Sie hatte keine andere Wahl, als meinen Vater zu heiraten, der als einziger Mann ihre Situation ak-zeptierte.

Aufgrund all dieser schlimmen Erfahrungen, die ich als Kind hatte, und der negativen Kindheitserinnerungen an meinen Vater kann ich kaum sagen, dass ich meinen Vater gut kannte; und ich bin mir sicher, dass meine Geschwister dasselbe sagen würden. Sogar meine Stiefbrüder und Stiefschwestern würden dasselbe sagen. Ich kann mich nicht erinnern, dass mein Vater mich mal auf den Schoß genommen, mir auf die Schultern geklopft oder mich zumindest mal in den Arm genommen hätte. Alles, woran ich mich lebhaft erinnern kann, sind die Situationen, in denen er mich und meine

Geschwister anschrie, wenn wir mal etwas zu spät nach Hause kamen, wenn wir vergaßen, am Tage das Licht auszuschalten; oder wenn er meine Mutter erbarmungslos schlug und ihre Knie voller Blut waren; am meisten dann, wenn er betrunken war und seine Tür nicht aufbekam, weil es ihm nicht gelang, den richtigen Schlüssel ins Türschloss zu stecken.

2

Die Toten hören uns

So kam es, dass ich 2005, als mein Vater starb, keinerlei Trauer empfand, denn ich hatte keinerlei Verbindung zu ihm. Er spielte in meinem Leben keine Rolle als Vater, solange ich mich erinnern kann, und alle Erinnerungen daran, wie schrecklich er meine Mutter behandelt hatte, kamen in mir hoch. Ich wurde sogar noch zorniger auf ihn, nachdem er tot war. Ein Gefühl von Unversöhnlichkeit quälte mich Nacht für Nacht, bevor ich einschlief. Ich reiste nicht nach Hause, um an seiner Beerdigung teilzunehmen, da ich weit weg, in Europa, war und da ich es auch nicht für notwendig hielt. Ich sagte mir: Selbst wenn ich die Chance hätte, zu seiner Beerdigung zu kommen, würde ich nicht hingehen, da ich immer noch dieses bittere Gefühl von Vergeltung und Groll in mir trug wegen all dem, was er meiner Mutter angetan hatte.

Was ich nicht erkannte, ist die Tatsache, dass, wenn man jemanden verliert oder wenn jemand, der mit einem verwandt ist, verstorben ist – dass dann alles, was man über diesen Menschen sagt oder denkt, sei es positiv oder negativ, bei diesem Menschen am anderen Ufer ankommt – nur allein durch die eigenen Gedanken. Es gibt ein Sprichwort in unserer Kultur, das besagt: „Die Toten hören uns." Kein Wunder also, dass Jesus sagte: „Ich aber sage euch: Wer eine Frau auch nur lüstern ansieht, hat in seinem Herzen schon Ehebruch mit ihr begangen" (Matt. 5:28).

Gedanken sind so mächtig, dass Gott aus Gedanken und Worten die Welt erschaffen hat. Selbst die Erschaffung des Menschen begann mit Gedanken, als Gott sprach:

„LASST UNS MENSCHEN MACHEN ALS UNSER AB-BILD, UNS ÄHNLICH. SIE SOLLEN HERRSCHEN ÜBER DIE FISCHE DES MEERES, ÜBER DIE VÖGEL DES HIMMELS, ÜBER DAS VIEH, ÜBER DIE GANZE ERDE UND ÜBER ALLE KRIECHTIERE AUF DEM LAND ." (Gen. 1:26)

Ich stelle mir vor, dass Gott laut dachte, bevor er begann, all die Dinge, die er sich vorstellte, zu erschaffen.

In der geistigen Welt geschieht Kommunikation durch Gedanken, was wir „Telepathie" nennen. Gesprochene Worte sind nicht notwendig. Ich bin mir dessen ganz sicher, was ich sage, denn ich war dort und bin wieder zurückgekehrt.

Um auf meinen Vater zurückzukommen: Eines Nachts legte ich mich schlafen, aber der Schlaf wollte nicht kommen, weil mein Herz so schwer war von all dem Zorn und der Wut auf meinen Vater. Es gab viele Fragen, die ich ihm gern gestellt hätte, wenn ich jetzt, als erwachsener Mann, die Chance gehabt hätte, ihn wiederzusehen. Ich habe jetzt selbst eine Familie und meine eigenen Kinder und ich habe Gott und mir selbst versprochen, genau das Gegenteil von meinem Vater zu sein. Es gab viele Fragen, die unbeantwortet blieben, und viele offene Wunden, die nicht geheilt waren. Schließlich konnte ich spät in der Nacht einschlafen und hatte einen Traum:

Mein Vater begegnete mir; er sah sehr jung aus und war gut gekleidet, in einem feinen schwarzen Anzug, mit weißem Hemd und schwarzer Krawatte. Sein Haar war frisch geschnitten, im Afro-Stil, so wie sich Männer in den sechziger Jahren für eine wichtige Veranstaltung schick machten. Er war mit einem Freund zusammen, der etwa gleichaltrig zu sein schien und genauso gekleidet war wie er.

Zunächst gingen sie hinter mir her und ich hörte seine Stimme, als er mit seinem Freund redete. Ich erkannte sofort, dass die Stimme wie die meines Vaters klang. Also drehte ich mich um und sah, dass er es tatsächlich war. Ich war sehr überrascht, da ich sogar in diesem Traum genau wusste, dass er gestorben war, und ich erinnere mich noch, dass ich ärgerlich auf ihn war. Ich hatte gemischte Gefühle, denn gleichzeitig war ich irgendwie glücklich zu sehen, wie gut er aussah, mit diesem schicken Haarschnitt und diesem Anzug.

Dann sagte sein Freund zu ihm: „Ist das dein Sohn, von dem du mir erzählt hast?"

Er nickte zustimmend. Also ging ich etwas langsamer, damit sie mich einholen konnten, da wir in dieselbe Richtung gingen. Als sie nahe genug waren, konnte ich das breite Lächeln auf ihren Gesichtern sehen, als ob beide wussten, was ich dachte. Der Anblick meines Vaters, ihn nach dieser langen Zeit so lächeln zu sehen, ließ den Ärger in mir dahinschmelzen. Er wirkte so anders, so wie jemand, der von einer Last befreit ist – jemand, der Frieden gefunden hat, wie er auf diesem Planeten nicht existiert.

Er streckte seine linke Hand aus und legte sie auf meine Schulter, und wir gingen weiter. Zum allerersten Mal hörte ich meinen Vater so sanft mit mir sprechen. Er sagte: „Mein Sohn, du hast jedes Recht, ärgerlich auf mich zu sein. Ich weiß, ich habe dich und deine Mutter so oft verletzt. Ich weiß, dass ich vieles falsch gemacht habe, aber bitte vergib mir, denn ich war nicht ich selbst. Jetzt bin ich wieder ich selbst. Bitte höre auf dein Herz und vergib mir."

Gleich darauf kamen wir zu einem Punkt, an dem sich die Straßen teilten. Er sagte zu mir: „Du gehst diesen Weg, aber wir gehen den anderen Weg. Vergiss es nicht. Ich bin sehr stolz auf dich."

Und so gingen sie nach rechts und ich nahm den Weg, der nach links führte. Mein Herz schäumte über vor Glück, dass mein Vater sich endlich bei mir entschuldigt hatte für die Dinge, die er falsch gemacht hatte; vor allem dafür, dass er meine Mutter geschlagen und dass er sich nicht um uns gekümmert hatte. Ich dachte nur: „Wow!" Es war das erste Mal, dass er eingestand, überhaupt etwas falsch gemacht zu haben.

Irgendwann drehte ich mich um, um zu sehen, ob sie noch in Sichtweite waren, aber sie waren fort. Ich war so glücklich in meinem Traum, dass ich aufwachte. Ich sah auf die Uhr, und es war 5:00 Uhr. Mein Herz fühlte sich so leicht an. Es gab in mir nicht mehr die geringste Spur von Bitterkeit, Wut oder Traurigkeit. Dies bedeutet, dass ich meinem Vater in meinem Traum – und in der Realität – aufrichtig vergeben hatte. Wenn man jemandem aufrichtig verzeiht, tut man vor allem sich selbst einen Gefallen, denn man befreit sich von den Fesseln der Bitterkeit und des Kummers. In Afrika sagen wir, dass man über die Toten nicht schlecht sprechen oder denken soll, denn die Toten hören uns; und das ist die Wahrheit, denn mein Vater ist ein typisches Beispiel. Dies zeigt mir auch, dass es möglich ist, jemandem zu vergeben, der verstorben ist.

3

Über mich

Was soll ich sagen? Hmmm… Ich finde es schwierig, mich zu beschreiben, aber ich werde mein Bestes versuchen. Ich würde sagen, dass ich ein sehr leidenschaftlicher Mensch bin. Wenn ich etwas liebe, dann liebe ich es mit Leidenschaft.

Es gibt in meinem Leben kein Zwischending; es gibt nur „ja" oder „nein". Die Leute sagten immer, ich sei ganz und gar ein typischer Skorpion. Ich wurde am 27. Oktober geboren und ich würde sagen, dass ich ein durch und durch echter Skorpion bin. Ich stehe mit beiden Füßen auf dem Boden und weiß, was ich will, und dann tue ich es auch. Ich bin ein sehr fleißiger Mensch, genau wie meine Mutter. Ich will, dass alles exakt ist, und nicht nur mittelmäßig; die Leute nennen mich einen Perfektionisten. Gott hat mich mit vielen Talenten gesegnet und Er war so freundlich zu mir, indem er mir erlaubte, die meisten dieser Talente schon in jungen Jahren zu entdecken.

Ich bin Musiker, Produzent, Songwriter, Schauspieler, Regisseur, Frisurdesigner, Fotograf und Mediengestalter mit einem Diplomzertifikat vom WIFI-Institut in Wien.

Meine Ehe

Ich kam im März 2003 nach Österreich, und im Dezember desselben Jahres verlobte ich mich mit Sabine, meiner Ehefrau. Wir lernten uns in der Wohnung eines Freundes kennen. Wir waren beide zum Essen eingeladen, und wir kamen ins Gespräch und redeten über drei Stunden lang. Ich erkannte, dass dies nicht alltäglich war; wir hatten so viele Gemeinsamkeiten. Es war, als ob man den passenden Dübel zur Schraube findet.

Von da an waren wir unzertrennlich, obwohl wir viele Schwierigkeiten und Hindernisse überwinden mussten, nachdem wir in Österreich geheiratet hatten. Aber je mehr Schwierigkeiten es gab, umso stärker hielten wir zusammen. Seit meiner Kindheit war es für mich nicht immer leicht gewesen, etwas zu erreichen. Ich erkannte schließlich, dass ich ein sehr schwieriges Karma habe. Zum Beispiel muss ich für einfache Dinge, die andere Leute normalerweise mit einer kleinen Handbewegung bekommen können, so hart arbeiten, um sie zu erreichen; und wenn ich es tue, dann ist das Ergebnis am Ende immer das Beste. Alles ist immer gerade dann ausverkauft oder verdorben, wenn ich an der Reihe bin; und – könnt ihr euch das vorstellen? – meine Frau hat exakt dasselbe Karma.

Immer, wenn meine Frau vor einem Schalter in der Schlange steht, streikt gerade dann, wenn sie an der Reihe ist, entweder der Computer, oder das Gerät geht kaputt. Jetzt könnt ihr euch vorstellen, wie es ist, wenn zwei Seelen, die einander so ähnlich sind, als Mann und Frau zueinander finden. Ich will damit nicht etwa sagen, wir wären nicht gesegnet; natürlich sind wir von Gott mit seiner immerwährenden Gnade und Liebe so sehr gesegnet, und wir sind immer dankbar dafür. Wir haben wunderbare Kinder und alles, was eine Familie zum Leben braucht; aber was ich sagen will, ist:

Wenn andere Ehepaare gegen einen Hund kämpfen, dann kämpfen wir gegen Löwen; und wenn andere Ehepaare auf Steine klettern, dann klettern wir auf Berge. Aber letztendlich steht Gott uns jedes Mal bei und führt uns zum Sieg, durch den Glauben, den wir an Ihn haben.

Meine Frau und ich sind seit zehn Jahren verheiratet, und bis jetzt ist uns noch kein einziges Mal der Gesprächsstoff ausgegangen, seit dem Tag, als wir uns kennen lernten. Dennoch wäre es eine große Lüge, wenn ich sagen würde, in meiner Ehe wäre von Anfang an alles immer nur rosig gewesen. Nein, ganz und gar nicht. Wir hatten viele Höhen und Tiefen, wie in jeder anderen Ehe auch; aber was unsere Ehe noch herausfordernder macht, ist, erstens: das besondere Karma, das wir beide haben; zweitens: unsere unterschiedlichen Persönlichkeiten und der unterschiedliche familiäre und kulturelle Hintergrund; und drittens: dass ich so hart mit mir selbst und so entschlossen war, meine Karriere im musikalischen Bereich durchzustehen, ohne zu merken, dass es sich auf meine Familie auswirkte.

Zwei Persönlichkeiten

Jeder Entertainer auf diesem Planeten hat zwei Persönlichkeiten: die künstlerische Persönlichkeit, die so ist wie eine Schauspielrolle, die er die meiste Zeit spielen muss. Es ist wie die Maske einer Märchenfigur, die er in der Öffentlichkeit tragen muss. Diese Maske hat so viel Ego, und sie wird von kreativer Energie und Power angetrieben, die es ihm ermöglicht, das zu tun, was er macht. Es ist eine dynamische Energie. Manchmal fühlt er sich, als wäre er nicht zu stoppen.

Die andere Persönlichkeit ist sein normales Ich, das reale Ich mit seinem wahren Gesicht, ohne Maske. Aus meiner eigenen Erfahrung würde ich jedem Künstler oder Entertainer einen Rat geben: Setze die Maske auf, wann immer du offiziell, öffentlich in Erscheinung trittst, wie z.B. auf der Bühne, in Fernsehshows, Musikvideos, Fotoshootings für Zeitschriften, und so weiter.

Aber wenn du nach Hause kommst zu deiner Familie, bevor du auch nur die Tür zu deiner Wohnung öffnest, dann solltest du die Maske absetzen und in deine Tasche oder Jackentasche stecken und irgendwo draußen verstecken. Erst dann solltest du wieder dein wahres Selbst werden – bei deiner Frau, deinen Kindern, deinen Brüdern und deinen Schwestern. Erlaube dir selbst als Musiker nicht, deine Maske zu Hause zu tragen. Das ist der Hauptgrund, warum die Ehen von Prominenten nicht lange halten – einfach nur wegen der Maske. Zu viel Ego, Ichbezogenheit, Angst, Verzweiflung, Fehlkommunikation, Frustration, Depression, Mangel an Zeit für die Familie und Missverständnisse führen dazu, dass der Partner sich einsam und verlassen fühlt.

Und genau so war es bei mir. Ohne es zu merken, trug ich meine Maske auch zu Hause. Ich erinnere mich noch, wie meine Frau manchmal mitten im Gespräch zu mir sagte: „Ich hasse Cola-Man, aber ich liebe Uche Igboanugo." Und ich sagte zu ihr, beide seien ein- und dasselbe, und sie erwiderte, dass sie nicht ein- und dasselbe seien. Um sicher zu sein, dass sie nicht den Wortstreit gewinnen würde, sagte ich dann zu ihr: „Du bist ein Feind des Fortschritts. Wenn du Cola-Man hasst, dann heißt das, du hasst meine musikalische Karriere, und jeder, der meine musikalische Karriere hasst, will nicht meinen Fortschritt." Sie versuchte ihr Bestes, damit ich verstehen sollte, aber ich ignorierte sie wegen des Egos, das ich für meine Musik hatte. Ich hatte kaum noch Zeit für meine Familie.

Ich hatte ein Heimstudio, in dem ich all meine Musik und Videos komponierte und produzierte. Die meiste Zeit war ich die ganze Nacht auf und arbeitete an einem Musikvideo oder komponierte einen neuen Song, und ich wollte auf gar keinen Fall abgelenkt werden. Wenn ich nicht an einer Show teilnehmen musste, nahm ich irgendwo ein Musikvideo auf. Ich produziere auch Musik und Videos für andere Künstler in Wien. Manchmal war ich so beschäftigt, dass ich keine Zeit hatte, zu essen oder mich um meine Gesundheit zu kümmern. Noch schlimmer wurde es dadurch, dass ich gleichzeitig einen Vollzeitjob hatte, bei dem ich manchmal frühmorgens um 4:30 Uhr aufstehen musste und erst um 15:45 Uhr nach Hause kam, und dann war ich sehr müde. Und das vier- bis fünfmal in der Woche. Die wenige Zeit, die ich an meinen freien Tagen hatte, verwendete ich für meine Musik. Ich war so sehr auf meine Musik fokussiert, mehr als auf meine eigene Familie. Ich liebte meine Musik so sehr, dass ich alles dafür tat, mein musikalisches Talent unter Beweis zu stellen, und ich arbeitete daran so hart und mit solcher Leidenschaft, dass ich, ohne es zu merken, die Grenze zwischen meiner Karriere und meinem Familienleben überschritten hatte. Ich danke Gott dafür, dass er mir eine Frau mit einem so großen Herzen gegeben hat, mit endloser Geduld und Bereitschaft zur Vergebung. Andernfalls wäre meine Ehe bereits Vergangenheit. Ich möchte meiner Frau aufrichtig danken für ihre Liebe, Geduld und ihr Verständnis während all dieser Jahre, in denen ich ein Brett vor dem Kopf hatte.

4

Gottes Pläne sind immer anders als die unseren

Drei Wochen vor dem Tag, an dem ich die Gehirnblutungen hatte, war mein Zeitplan, wie immer, sehr eng und vollgepackt. Ich hatte zwei Wochen Urlaub von meiner Firma genommen, vom 31. Mai 2013 bis zum 09. Juni 2013. Ich hatte geplant, nach Nigeria zu fliegen für mein neues Musikvideo, das im Bundesstaat Enugu aufgenommen werden sollte. Die Flugtickets bei Lufthansa waren schon gebucht. Das Hotelzimmer für meinen Aufenthalt in Enugu war schon reserviert.

Wie ich schon erwähnte, bin ich ein Mensch, der weiß, was er will, und ich wollte mich auf den Weg machen und die Sache erledigen. Mein Reiseplan war folgendermaßen:

Am 31. Mai 2013 würde ich vom Flughafen Wien nach Frankfurt am Main fliegen. Von dort würde ich zum Murtala Mohammed International Airport in Lagos fliegen. Ich hatte geplant, am nächsten Tag in Lagos bei meinem älteren Bruder nach dem langen Flug ein wenig auszuspannen.

Am zweiten Tag, dem 2. Juni 2013, würde ich vom Inlandsterminal des Murtala Mohammed- Flughafens in Lagos um 7:00 Uhr mit „Arik Airlines" abfliegen und gegen 8:20 Uhr in Enugu ankommen.

Am nächsten Tag, dem 3. Juni 2013, würde ich zusammen mit meinem Freund Kingsley, der das gesamte Projekt mit mir per Telefon organisiert hatte, als ich noch in Österreich war, zu den Drehorten des Videofilms fahren und diese anschauen. Noch am gleichen Tag würden wir mit den Tänzern eine Probe haben und am Ende dann ein Treffen mit dem Kameramann und seinem Team.

Sie alle waren für das Projekt gebucht.

Die Dreharbeiten für das Video sollten an zwei Tagen stattfinden, am 5. und 6. Juni; und am 7. Juni wollte ich dann meinen besten Freund Joseph besuchen und einen Tag bei seiner Familie in Asaba, Bundesstaat Delta, verbringen. Die Fahrt dorthin von E-nugu aus würde eine Stunde und dreißig Minuten dauern. Joseph war mein Freund seit meiner Kindheit und ist noch heute mein bester Freund. Wir hatten nie Zeit, uns zu treffen, seit ich Nigeria vor zehn Jahren verlassen hatte. Er war frisch verheiratet und seine Frau hatte gerade ihr erstes Baby bekommen, und ich dachte, es wäre schön, einen Tag bei ihm und seiner Familie zu verbringen und seine Frau und sein Kind kennen zu lernen. Ich war so aufgeregt, sie alle zu sehen, und hatte schon die Geschenke, die ich für das Baby gekauft hatte, in meinem Gepäck verstaut. Auch Joseph und seine Familie konnten es kaum erwarten, mich zu sehen. Er schlug sogar vor, mit seinem Auto nach Enugu zu kommen und mich abzuholen, damit wir schneller in Asaba ankämen.

Alles war von mir perfekt geplant, aber Gott hatte einen anderen Plan. Wie es in einem alten Sprichwort heißt: „Der Mensch denkt und Gott lenkt." Es war, als ob dieses Sprichwort genau für mich bestimmt war. Der Plan Gottes ist immer anders als der unsere. Ich habe inzwischen erkannt: Man kann noch so stark sein, noch so gut organisiert sein – wenn Gott mit dem, was man plant, nicht einverstanden ist, wird man kein Ziel erreichen und immer wieder am

Nullpunkt ankommen. Deshalb rate ich euch und mir selbst, alles, was wir tun, in die Hände Gottes, des Allmächtigen, zu legen, denn Er ist der Schöpfer/Vollender und Designer unseres Glaubens und unseres Schicksals.

Die schlimmste, hässlichste und traurigste Nachricht

Ich litt seit 2006 unter Bluthochdruck. Es begann, als ich die Nachricht aus Afrika erhielt, dass meine Mutter gestorben war. Der Kummer und der Schmerz waren für mich zu schwer zu ertragen, und infolgedessen ging mein Blutdruck hoch. Ich weinte so bitterlich. Es war das erste Mal, dass meine Frau und meine Kinder mich weinen sahen. Ich kann mich nicht mehr erinnern, wann ich davor das letzte Mal geweint hatte. Der Gedanke, meine Mutter nicht mehr gesehen zu haben, seit ich Afrika verlassen hatte, und dass sie nicht mehr da war, bedeutete für mich, dass ich sie nicht mehr wiedersehen würde, um ihr meine Frau und meine Kinder vorzustellen. Das Loch, das ihr Tod in meinem Herzen hinterlassen hat, wird für immer bleiben, bis ich sterbe.

Ein kurzer Blick auf mein Alltagsleben

Einige Wochen, bevor ich das Bewusstsein verlor, war ich sehr mit meiner Arbeit beschäftigt. Ich hatte mehrere Nachtschichten und ganz wenig Schlaf in der Nacht. Ich ging gegen 13.30 Uhr zur Arbeit und kam gegen 23.45 nach Hause. Und bevor ich schnell duschen und schnell etwas essen konnte, war es schon etwa 0.15. Bis ich endlich ins Bett ging, war ich sehr müde, und meine Frau wollte noch ein wenig mit mir darüber reden, wie der Tag war und was für den nächsten Tag geplant war. Meistens war ich schon im

Traumland, während sie noch erzählte. Dann hörte sie auf und versuchte zu schlafen.

So ging es an zehn aufeinanderfolgenden Tagen. Ich hatte nur zwei Tage frei, und das war zu wenig, um meinen Körper wieder in den normalen Rhythmus zu bringen. Frühmorgens, vor 5.30, waren meine Kinder schon auf. Entweder sprangen sie um mein Bett herum oder sie zankten sich, so dass ich aufwachte. So hatte ich normalerweise Schlaf von 1.00 bis 5.00, also vier Stunden. Ein so kurzer Schlaf ist zu wenig und ungesund für jemanden mit hohem Blutdruck. Gegen 7.00 machte meine Frau die Kinder für den Kindergarten fertig und ich brachte sie mit dem Auto zum Kindergarten. Und an den Tagen, an denen sie arbeiten musste, verließen wir das Haus schon vor 6.30, damit sie es bis 7.00 zum Bahnhof schaffen konnte.

Zwischen all diesen Szenarios gab es die NEU Awards-Preisverleihung am 30. März 2014 in Madrid, Spanien, und ich war in zwei Kategorien nominiert worden: Best Reggae Dance Hall Artist und Best International Artist. Ich war so aufgeregt, da dies bedeutete, dass ich während der Awards Show live auftreten würde, und ich hatte vor, meinen neuen Song, „Shokolo", zum ersten Mal der Öffentlichkeit zu präsentieren. Es war derselbe Song, für den ich in Nigeria das Video drehen wollte. Ich hatte auch ein Flugticket nach Spanien gebucht und Hotelreservierungen für meinen Aufenthalt während der Awards Show. Wie man sieht, gab es in meinem Kalender keinen freien Platz und keine freie Zeit. Die wenige Zeit, die mir blieb, verbrachte ich entweder mit Proben für meine Awards Show in Spanien oder im Internet, um meine Musik zu promoten und die Leute zu bitten, für die Awards Show online für mich zu stimmen. Zwischen diesem engen Zeitplan vergaß ich manchmal, meinen Blutdruck zu messen. Ich wusste nicht, dass, wenn man Bluthochdruck hat und Medikamente nimmt und alles im Gleichgewicht ist, in dem Moment, in dem man starken Belastungen ausgesetzt ist, die außerhalb des normalen Tagesablaufs sind, der Blutdruck ansteigen kann, so dass vielleicht mehr Medikamente nötig sind, um ihn wieder zu normalisieren. Ich wusste nicht, dass mein Blutdruck über 200 gestiegen war. Jedes Mal, wenn ich hohen Blutdruck habe, merke ich es normalerweise, da ich dann entweder ein merkwürdiges Gefühl im Bereich der Stirn oder akute Kopfschmerzen habe. Aber diesmal merkte ich nichts – vielleicht, weil ich von meinen vielen Aktivitäten in Beschlag genommen war.

Die Prophezeiung meiner Frau

Meine Frau hat eine Art spirituelle Wahrnehmung und wir sind so miteinander verbunden. Drei Tage bevor ich das Bewusstsein verlor, sagte mir meine Frau, sie habe ein seltsames Gefühl im Bereich des Magens. Sie sagte mir, sie fühle die Energie des Todes bei uns zu Hause, aber sie konnte nicht genau sagen, was diese Gefühle bedeuteten. Natürlich nahm ich sie nicht ernst; ich machte sogar einen Witz darüber. Ich sagte ihr, sie habe vielleicht Fieber und sie solle zum Arzt gehen.

5

Der Tag, an dem es passierte

Mein Zusammenbruch geschah am 25. März 2013, einem Montag. Ich wachte auf wie an jedem anderen Tag; ich war so froh, dass ich nach langen Wochen mit viel Stress heute nicht arbeiten musste. Wie immer, brachte ich meine Kinder in den Kindergarten und beschloss, mit meiner Frau zum Shoppen zu gehen in unserem Lieblings-Supermarkt Hofer in der Franzensbrückenstraße 7 im zweiten Bezirk von Wien.

An diesem Vormittag kaufte ich einen Mini-CD-Player für meine Tochter, da sie zum Einschlafen immer gerne Kindermusik hörte. Als ich mit meiner Frau nach Hause kam, war es etwa 9.30 Uhr. Ich war so müde wie noch nie zuvor. Ich packte gerade den Mini-CD-Player für meine Tochter aus, als plötzlich von meiner Frau die lästige Frage kam, die ich fast jeden Tag beantworten musste:

„Hase! Hast du heute schon deinen Blutdruck gemessen?"

Um ehrlich zu sein: Ich kann mich nicht mehr erinnern, was ich ihr antwortete, aber sie sagte: „Bitte miss deinen Blutdruck."

Ich ignorierte sie und war weiter damit beschäftigt, die Funktionen und Sounds des neuen CD-Players zu prüfen. Dann fiel mir ein, dass ich um 14.00 Uhr einen Termin mit Reverend Francis hatte.

Das schicksalhafte Treffen mit Reverend Francis

Reverend Francis ist ein nigerianischer Priester, der in Österreich studiert hat. Er spielt Keyboard in unserer Kirche im 5. Bezirk von Wien. Der Gottesdienst ist immer interessant, wenn er spielt und mit dem Chor singt.

Ich hatte ein kleines Heimstudio, in dem ich alle meine Songs komponierte und aufnahm. Ich nahm auch andere Sänger auf, die nicht genug Geld hatten, um in ein professionelles Studio zu gehen. In demselben Studio machte ich auch das Editing und die grafischen Arbeiten.

Es gab einen Gospelsong, an dem ich zusammen mit Fr. Francis arbeitete. Wir hatten die Komposition und die Instrumentalbegleitung fertig und es war fantastisch. Wir mussten nur noch die Singstimmen einspielen. Ich hatte einen Termin mit Fr. Francis an demselben Tag, Montag, dem 25., um die Einspielung abzuschließen. Was ich nicht wusste, war, dass der Termin mit ihm von Gott gemacht war - aus einem ganz anderen Grund… Es war das erste Mal, dass ich es schwierig fand, eine Entscheidung zu treffen – ob ich Fr. Francis anrufen sollte, um den Termin auf einen anderen Tag zu verschieben, damit ich mir den Tag freinehmen und mich ausruhen und erholen konnte. Ich habe diese besondere Eigenschaft, und es ist zu meinem Lebensmotto geworden: „Was du heute kannst besorgen, das verschiebe nicht auf morgen. Mach es heute fertig, dann kannst du dich morgen ausruhen." Aber in diesem Moment war es schwer für mich zu entscheiden, denn tief in meinem Inneren wusste ich, dass ich meine Grenze erreicht hatte; ich hatte für die Woche bereits genug Stress gehabt. Also war das Nächste, was ich tat, dass ich meine Frau fragte, um ihre Meinung zu hören. Dies mache ich normalerweise immer, wenn ich in einer solchen Situation bin, und ihre Meinung ist immer hilfreich, damit ich die Dinge klar sehen kann.

Und so sagte sie zu mir: „Wenn ich an deiner Stelle wäre, würde ich Fr. Francis anrufen, dass er kommen soll, damit ihr dieses Projekt heute abschließen könnt. Morgen und in den nächsten Tagen wirst du mehr Zeit haben, um dich auszuruhen, und du wirst einen klareren Kopf haben für andere Dinge." Nachdem ich ihre Meinung gehört hatte, nahm ich gegen 13.00 Uhr mein Telefon, um Fr. Francis anzurufen.

Mein Telefon hatte sich noch nie so schwer in meiner Hand angefühlt, aber eine leise Stimme sagte zu mir: „ Ruf ihn an! Wenn er sagt, dass er es heute nicht schafft - perfekt! Und wenn er tatsächlich kommt? Auch gut." Das war das Gefühl, das ich hatte, als ich seine Nummer wählte. Endlich hatte ich Fr. Francis am Telefon und auch seine Stimme klang so müde. Er klang wie jemand, der gerade aus dem Schlaf aufgewacht ist. Ich erinnerte ihn an unseren Termin und wollte wissen, ob er gegen 14.00 Uhr käme, und er sagte ja. Er sagte mir, er würde sich eventuell um 30 Minuten verspäten, da er vorher noch etwas zu erledigen habe.

Es war gegen 14.25 Uhr, als Fr. Francis an der Tür klingelte. Ich öffnete die Tür und ließ ihn herein. Wir gingen direkt in mein Studio und begannen mit der Einspielung. Während wir aufnahmen, brachte meine Frau uns Tee, wie immer, damit wir unsere Stimmen benetzen konnten, und anschließend entschuldigte sie sich, da sie weg musste, um die Kinder vom Kindergarten abzuholen. Sie musste mit dem Bus fahren, da ich Besuch hatte und mit der Einspielung beschäftigt war.

Leute! Der Weg Gottes ist nicht der unsere. Gott arbeitet auf unterschiedliche Weise, die jenseits alles menschlichen Verstehens ist. Hätte ich Fr. Francis angerufen und den Termin verschoben oder hätte er selbst den Termin abgesagt, dann wäre es folgendermaßen gewesen: Entweder wäre ich im Auto zusammengebrochen, während ich mit meiner Frau und meinen Kindern vom Kindergarten nach Hause gefahren wäre – und das hätte einen schweren, fatalen Unfall bedeutet; oder ich wäre allein zu Hause zusammengebrochen, ohne dass jemand da gewesen wäre, um den Rettungsdienst zu rufen; und bis meine Frau mit den Kindern nach Hause gekommen wäre, da wäre es schon zu spät gewesen, um etwas zu tun und mein Leben zu retten. Das ist es, warum ich meinte: Gottes Wege sind anders als die unseren. Sagt er „ja", dann kann niemand „nein" sagen; und wenn er „nein" sagt, kann niemand „ja" sagen. In der Bibel heißt es: „Denn meine Gedanken sind nicht eure Gedanken, und eure Wege sind nicht meine Wege, spricht der HERR, sondern so viel der Himmel höher ist als die Erde, so sind auch meine Wege höher als eure Wege und meine Gedanken als eure Gedanken." (Jesaja 55:8-9).

Deshalb schickte er mir Fr. Francis, um mein Schutzengel zu sein, als es an der Zeit war. Gott schickte ihn, damit er derjenige sein sollte, der für mich betete und den Rettungsdienst anrief. Manchmal frage ich mich: Warum schickte Gott mir einen Priester an diesem besonderen Tag? Ich hatte verschiedenste Leute in meinem Studio; manchmal auch Leute, die nicht wirklich an Gott glauben; aber warum gerade an diesem besonderen Tag einen Priester?

Wie an einem ganz normalen Tag

Ich war allein mit Fr. Francis in meinem Heimstudio, wie an einem ganz normalen Tag. Wir hatten das Einspielen der Stimmen gerade abgeschlossen. Ich war mit dem Mischen und Fine-Tuning der

Stimmen beschäftigt, als plötzlich sein Telefon klingelte. Er griff zum Telefon. Es war ein anderer nigerianischer Priester, der ebenfalls irgendwo in Österreich studiert hatte. Fr. Francis sagte ihm, dass er gerade in Cola-Mans Studio war, um an einem Gospelsong zu arbeiten. Der Priester fragte ihn, wer ich sei. Fr. Francis versuchte, es ihm zu erklären, woraufhin er interessiert war und mit mir sprechen wollte. Fr. Francis gab mir das Telefon, und wir stellten uns gegenseitig vor. Während wir so miteinander redeten, stellten wir fest, dass das Haus seiner Familie in seinem Dorf in Nigeria nur einen Steinwurf entfernt vom Haus meiner Großmutter war, wo ich als Kind oftmals die Ferien verbracht hatte. Er machte ein paar witzige Bemerkungen über den Mangobaum, der bei ihnen im Garten stand. So seien damals ein paar Kinder gekommen, pflückten die Mangofrüchte und liefen weg. Ich sagte ihm, dass vielleicht ich eines von diesen Kindern gewesen sein könnte. Wir mussten beide herzlich lachen. Danach gab ich das Telefon an Fr. Francis und machte mich wieder an das Sound-Mixing. Ich fühlte mich gut. Ich fühlte mich in diesem Moment überhaupt nicht müde, denn die Musik gibt mir etwas, was ich als spirituelle Energie bezeichnen würde. Wenn ich an einem Song arbeite, kann ich die ganze Nacht wach bleiben, ohne das geringste Anzeichen von Müdigkeit. Manchmal muss meine Frau kommen und mich zwingen, aufzuhören und endlich ins Bett zu kommen.

Nachdem ich mit dem Sound-Mixing fertig war, hörten wir uns das Ergebnis insgesamt an, und Fr. Francis war so beeindruckt. Ich war ebenso zufrieden. Plötzlich hörte ich ein seltsames Geräusch in beiden Ohren; ich wusste nicht, was los war. Dann fühlte ich so etwas wie Trockenheit in der Kehle. Ich entschuldigte mich, dass ich mal eben in die Küche gehen und etwas Wasser holen musste. Dann kam ich zurück und setzte mich wieder, mit einem Glas Wasser in der Hand, und hörte weiter dem Song zu, den wir eingespielt hatten. Immer noch hörte ich das lärmende Geräusch in meinen

Ohren und dachte, es sei ein Zeichen, dass ich einfach nur müde war. Bevor ich es merkte, verlor ich allmählich das Bewusstsein – und hielt immer noch das Glas Wasser in der Hand. Fr. Francis merkte, dass etwas mit mir nicht stimmte, als ich das Wasser, das ich in der Hand hatte, über meine Hose verschüttete. Er tippte mir gegen die Schulter und erinnerte mich daran, das Wasser zu trinken. Seine Stimme klang wie aus weiter Ferne, während er neben mir saß. In diesem Moment konnte ich mich nicht mehr konzentrieren und verlor in Sekundenschnelle all meine Energie. Ich versuchte, das Glas Wasser an meinen Mund zu bringen, aber ich konnte es nicht; meine Kräfte versagten. Ich hörte mich selbst, wie ich mehrmals wiederholte: „Ich will Wasser trinken", und: „Lass mich Wasser trinken".

Fr. Francis war sehr überrascht über mein plötzlich verändertes Verhalten. Er dachte, ich müsste wohl sehr müde sein. Er bat mich, aufzustehen, damit er mich ins Bett bringen konnte. Er half mir, aufzustehen. Er stellte sich hinter mich und versuchte, mich zum Schlafzimmer zu führen, damit ich mich dort ausruhen könne. Kaum hatte ich ein paar Schritte aus dem Studio hinaus in den Flur gemacht, da war mir plötzlich, als ob ein kalter Schauer in mein Gehirn strömte. Ich fiel zu Boden und verlor für einige Minuten das Bewusstsein. Ich konnte nicht mehr sprechen. Ich konnte noch nicht einmal einen Finger heben. Ich sah, dass Fr. Francis in Panik war. Er betete für mich und rief gleichzeitig den Notruf, aber ich konnte kaum hören, was er sagte. Seine Stimme klang so weit entfernt, und ich konnte ihn zwar noch erkennen, aber nur noch wie einen Schatten wahrnehmen.

Wenn man das Bewusstsein verliert oder kurz vor dem Sterben ist, dann sind die ersten Organe des Körpers, die nicht mehr funktionieren, die Ohren und dann die Augen. Zuerst hört man nichts mehr, und dann wird es allmählich dunkel. Wenn jemand in einer solchen Situation ist, sollte man auf jeden Fall weiter mit ihm sprechen. Ruf ihn beim Namen und stell ihm Fragen, damit er weiter mit Nachdenken beschäftigt ist. Als ob man seinem Gehirn eine Aufgabe gibt, um ihn bei Bewusstsein zu halten.

Wie sich das Sterben anfühlt

Tatsächlich habe ich zweimal in meinem Leben erlebt, wie es sich anfühlt, zu sterben. Das erste Mal im Jahr 2007, als ich im Magen schon lange einen Hochrisikotumor hatte, ohne etwas davon zu bemerken. Es kam so weit, dass ich etwa zwei Wochen lang Magenblutungen hatte. Jedes Mal, wenn ich zur Toilette ging, war die Farbe schwarz wie Kohle und ich dachte, es käme von den Vitamintabletten, die ich damals einnahm. Ich wusste nicht, dass das Blut schwarz ist, wenn man Magenblutungen hat. Aber ich dachte nicht weiter darüber nach, denn ich hatte keine Schmerzen im Magenbereich. Ich erzählte meiner Frau davon, und sie meinte ebenfalls, es käme von den Vitamintabletten.

Eines Tages kam ich gerade nach Hause, nachdem ich meine Flyer und Poster zur Veröffentlichung meines ersten CD-Albums, die in zwei Wochen geplant war, auf der Straße verteilt hatte. Nach dem Essen ging ich ins Bad, um mir die Zähne zu putzen und ins Bett zu gehen. Während ich noch beim Zähneputzen war, hatte ich ein seltsames Gefühl im Magen, so, als ob man etwas Giftiges gegessen hätte. Mir drehte sich der Magen um, und mir wurde schwindlig. Also beeilte ich mich mit dem Zähneputzen, damit ich mich so schnell wie möglich auf mein Bett legen konnte.

Auf dem Weg ins Schlafzimmer wurde mir übel, so dass ich schnell zum WC lief und mich übergeben musste. Zunächst war ich ratlos, als ich sah, dass das Erbrochene rot war. Ich wusste nicht, was es war, bis es mir später der Notarzt sagte. Das ganze WC, sogar die Wände, waren voller Blut. Es sah aus wie in einer Szene aus einem Horrorfilm. Nachdem ich mich übergeben hatte, kippte ich an der Tür des WCs um und war kurz davor, das Bewusstsein zu verlieren, als meine Frau herbeilief. Gott sei Dank, dass sie da war und dass sie hörte, wie ich hinfiel. Sie hielt meinen Kopf hoch und begann, meinen Namen zu rufen.

Ich konnte ihre Stimme hören, wie sie zu mir sagte: „Bleib bei mir! Bitte bleib bei mir! Bitte geh nicht fort und lass mich hier nicht allein." Ihre Stimme verhallte allmählich, und mit letzter Energie sagte ich zu ihr: „Hase, ich kann dich kaum noch hören." Ich hörte nur noch einen furchtbaren Lärm in meinen Ohren, als ob ich taub würde. Ich konnte meine Augen noch offen halten, denn meine Frau sprach mit mir und schüttelte mich gleichzeitig. Ich sah sie nur noch als Schatten; sie bewegte die Lippen, aber ich konnte kein Wort hören. Als Nächstes sah ich nur noch Dunkelheit; es wurde immer dunkler um mich herum. Ich war kurz davor, aufzugeben. Meine Frau war so mutig – obwohl sie etwa im 8. Monat schwanger war mit unserem Sohn Joshua. Es gab im Haus ein Fläschchen mit heiligem Wasser; sie hatte es von ihrem Vater bekommen. Sie ging und holte es, flößte mir etwas davon ein und goss den Rest auf mein Gesicht. Plötzlich kam ich wieder zu Bewusstsein und fand wieder etwas Kraft, bis der Notarzt da war.

Im Krankenhaus stellten die Ärzte fest, dass ich so viel Blut verloren hatte, dass ich hätte sterben können. Ich blutete aus dem Magen schon so lange, ohne etwas bemerkt zu haben. Ich wurde operiert und der Tumor wurde entfernt.

Ich bin sehr dankbar und danke Gott dafür, dass er damals, im Jahr 2007, mein Leben bewahrt hat, und dies hätte bereits eine Lektion für mich sein müssen; aber das war es leider nicht, bis es dann wieder passierte. Gott liebte mich so sehr, dass er mir eine Chance gab, um zu bereuen, um mein Leben und das, was ich tat, zu ändern und zu ihm zurückzukommen. Er liebt jeden Einzelnen von uns und er liebt alles, was er geschaffen hat – die Tiere im Wald ebenso wie im Meer. Er liebt die Bäume und die Berge, den Mond und die Sonne. Gott macht keine Ausnahme, denn wenn er etwas nicht lieben würde, dann hätte er es nicht geschaffen. Selbst wenn du heute noch ein Sünder bist und seit langem den falschen Weg gegangen bist; wie sehr du auch gegen Gott gesündigt haben magst - Er ist immer bereit, dich mit offenen Armen zu empfangen, und wartet geduldig, bis du zu ihm zurückkommst. Er liebt uns, und er hasst nur unsere Sünden, und er ist immer bereit, uns zu vergeben und uns reinzuwaschen, mit dem kostbaren Blut seines Sohnes, Jesus Christus, der den Preis für unsere Sünden bezahlt hat.

Zurück zur eigentlichen Geschichte

Um zurück zur eigentlichen Geschichte zu kommen: Während Fr. Francis die ganze Zeit bei mir war, wachte ich immer wieder auf und verlor immer wieder das Bewusstsein. In einem Moment öffnete ich die Augen und sagte zu Fr. Francis: „Vater, ich glaube, es geht mit mir zu Ende."

Und er erwiderte: „Der Teufel ist ein Lügner, und er hat keine Macht über dich. Du wirst nicht sterben. Du wirst leben, in Jesu Namen!" Und er betete weiter. Ich sagte in meinem Herzen „Amen" und verlor wieder das Bewusstsein.

Ich wachte in der Notaufnahme im Krankenhaus auf. Meine Frau stand an meinem Bett. Diesmal hatte ich sehr starke, unvorstellbare Kopfschmerzen; es war, als ob Feuer und Schwefel in meinem Gehirn brannten. Und mein Kopf fühlte sich so schwer an, als läge auf ihm ein 60 kg schwerer Zementsack. Es war ein schreckliches Gefühl; die Schmerzen waren so unerträglich, dass ich weinen musste. Es war ein Gefühl, das ich nicht mal meinem ärgsten Feind wünschen würde. Ich bat meine Frau, ihre Hand auf meine Stirn zu legen, und sie tat es. In diesem Augenblick fühlte ich mich ein kleines bisschen besser, als ein sanftes, warmes Gefühl von ihren Handflächen ausstrahlte und ich wusste, dass jemand bei mir war, der mich liebt. Ich schloss die Augen, und schon war ich wieder eingeschlafen.

Nach einiger Zeit wachte ich wieder auf, aber jetzt war ich auf der Intensivstation. Die Ärzte hatten eine Computertomographie von meinem Kopf gemacht und gesehen, dass mein Gehirn voller Blut war. Sie waren vom Ergebnis alle schockiert. Mein Gehirn war so voller Blut, dass sie nicht feststellen konnten, von welcher Stelle es herrührte. Einer der Ärzte sagte zu meiner Frau, wie verwundert er war, dass ich noch mit ihr sprechen konnte, angesichts der großen Menge an Blut, die sie in meinem Gehirn gesehen hatten. Er sagte, normalerweise hätte ich überhaupt nicht sprechen können, geschweige denn, etwas Sinnvolles sagen können. Er sagte, es sei ein großes Wunder, dass ich überhaupt noch lebte.

6

Der Beginn einer Reise, die mein Leben für immer veränderte

Mir fiel ein, dass ich einen Flug nach Spanien zur NEU Awards Show gebucht hatte, und anschließend musste ich nach Nigeria fliegen wegen meiner Videoaufnahme. Ich erinnerte mich außerdem, dass ich in der kommenden Woche ein Konzert in der Slowakei hatte. Meine Frau kam an mein Bett, um noch ein paar letzte Worte mit mir zu sprechen, bevor sie mich in einen Tiefschlaf versetzten. Ich sagte ihr, sie solle die Organisatoren des slowakischen Konzertes anrufen und ihnen sagen, was passiert war, damit sie die Show absagen konnten. Zu diesem Zeitpunkt war mir nicht bewusst, dass ich eine lange Reise meines Lebens antreten würde – eine Reise, die mein gesamtes Leben für immer verändern würde. Eine Reise, die meinen Glauben an Jesus Christus festigen würde. Eine Reise, die mir die göttliche Gnade schenken würde, dass Gott der Allmächtige in seiner bedingungslosen Liebe, Barmherzigkeit und unbegreiflichen Gnade mir offenbart werden würde.

Meine Frau war sich nicht sicher, ob sie mich wiedersehen würde; daher sagte sie: „Hase! Versprich mir, wenn du gehst, dass du kommen und mich abholen wirst, wenn meine Zeit gekommen ist."

Worauf ich antwortete: „Noch sterbe ich nicht. Es könnte sogar sein, dass du noch vor mir gehst." Ehrlich gesagt: ich wusste nicht, warum ich das sagte, aber sie war von meiner Antwort schockiert. Ich denke, ich sagte dies aus Angst; ich fühlte mich stärker, wenn ich mir selbst sagte, dass ich noch nicht sterben würde, wie ich es von Fr. Francis gehört hatte.

Ich wusste nicht, dass die Ärzte schon alles mit ihr besprochen hatten; dass die Chance, dass ich überleben würde, 50 zu 50 stand. Sie sagten, dass 95 Prozent der Menschen, denen etwa dasselbe wie mir geschehen war, es nicht schafften; und von den 5 Prozent, die es schafften, seien die meisten danach gelähmt. Sie beugte sich über mich und gab mir einen Kuss, und dann sagte sie: „Schlaf gut. Ich komme morgen, um nach dir zu sehen."

Als sie fortging, dachte ich, dass morgen gar nicht so schlecht wäre. Aber stattdessen war ich genau fünf Wochen im Koma.

Meine spirituelle Reise

Zuerst sah ich, wie ich durch dunkle Wolken flog, mit leuchtenden kleinen Sternen. Einige Teile der Wolken hatten unterschiedliche Farben, zum Beispiel hellblaue und dunkelblaue Punkte und goldene und silberne Streifen. Sie alle glitzerten wie kleine Diamanten, die das Licht reflektierten, als wenn man in einen Spiegel schaut. Ich wurde oft gefragt, ob ich durch einen dunklen Tunnel gegangen bin. Nein, so etwas habe ich nicht erlebt; was ich erlebt habe, war anders. Es war wie eine Mischung aus Realität und Visionen.

Während ich flog, sah ich verschiedenartige Visionen, die aus etwas geformt wurden, das wie Nebelwolken aussah; manchmal sahen sie aus wie Gegenstände aus einem Cartoon, als ob sie skizzenhaft mit einem Bleistift gezeichnet wurden. Aber alle diese Dinge, die ich sah, waren lebendig und bewegten sich. Ich sah viele verschiedene Gesichter; einige von ihnen lächelten mir sogar zu. Sie kamen alle in meine Richtung, während ich flog; aber sobald sie mir nahe waren, verschwanden sie oder verschmolzen in eine andere Form. Ich sah verschiedene Völker der Erde in ihren traditionellen Kleidern oder Trachten, die so aussahen, als ob sie vor Tausenden von Jahren lebten. Ich erinnere mich, dass ich Leute sah, die wie die Indianer aussahen, mit ihrem typischen Kopfschmuck mit langen Federn. Ich sah afrikanische Leute mit verschiedenen afrikanischen Kostümen. Es schien mir, dass sie aus verschiedenen Teilen Afrikas kamen. Ich sah eine afrikanische Mutter, die ein Kind trug, das auf ihren Rücken gebunden war. Ich sah Elefanten, Tiger, Löwen und Vögel verschiedener Arten und Größen. Es gab einen Moment, in dem ich das Gefühl hatte, über ein Safari-Reservat zu fliegen. Ich war noch nie in meinem Leben auf einer Safari gewesen, aber ich fühlte mich sehr mit meinen afrikanischen Wurzeln verbunden. Ich erkannte, dass die eigene Herkunft eine große Rolle im Leben spielt, auch noch nach dem Leben, denn man nimmt dieselbe Persönlichkeit mit in die geistige Welt.

Als ich im Koma lag, fragten die Ärzte meine Frau, welche Musik ich am liebsten mochte, und sie sagte ihnen, dass ich Reggae-Musik besonders mag. Sie sagte ihnen, dass ich ein Reggae-Sänger bin. Sie baten meine Frau, meine Lieblings-CD mitzubringen, um sie in meinem Zimmer ganz leise abzuspielen. Daraufhin ging meine Frau zu meinem Auto und holte meine Lieblings-CD, die ich im Auto immer hörte und die ich selbst ausgewählt und zusammengestellt hatte. Die CD wurde jeden Tag in der Nähe meines

Bettes gespielt und ich hörte alle Songs, während ich so weit entfernt in der geistigen Welt war. Das Faszinierende ist, dass ich mich noch genau erinnern kann, was ich gerade machte, wenn jeder einzelne Song gespielt wurde, und ich werde euch alles nacheinander erzählen.

Der Himmel ist voller wunderschöner Berge

Dann kam dieser besondere Moment, als ich zu einem Ort kam, der voller wunderschöner Berge war. Es war alles weiß, als ob Schnee darauf gefallen war; es war ein fantastischer Anblick. Unter diesen Bergen waren helle Nebelwolken. Ich sah, dass die Berge in der Luft hingen. Ich sah strahlend helle, goldene Sonnenstrahlen, die hinter den Bergen schienen, und mir stockte der Atem bei all dieser Schönheit, die sie ausstrahlten. In diesem besonderen Augenblick hörte ich einen Song von Dr. Alban mit dem Titel „Humpty Dumpty". Er kam von nirgendwo her und war so laut. Diese Kombination – der magische Anblick vor mir, während gleichzeitig meine Lieblingsmusik erklang – machte mich so glücklich. Ich fühlte mich so gut, als ich meinen Lieblingssong von Dr. Alban hörte, und ich flog um die Berge herum – von links nach rechts, von einer Ecke in die andere. Nach einer Weile flog ich über den Berg hinweg, und plötzlich war es still – so still, dass ich nur noch das leise Flüstern einer kühlen Brise hörte, die wie ein sanfter Hauch um mich wehte. Es war sehr sonnig und hell, wie die Morgensonne. Vor mir war eine kleine Zickzackstraße, die nur aus Wolken bestand und aussah wie ein Labyrinth. Ein solches Labyrinth, bestehend aus Blumen, hatte ich schon in großen Gärten gesehen. Folgt man dem einen Weg, kommt man manchmal wieder an den Eingang zurück, weil man den Ausgang nicht findet. Aber dieses Labyrinth bestand nur aus Wolken, und die Schwierigkeit war, dass alle Wege gleich aussahen. In meinem Herzen wusste ich, dass ich, wenn ich einmal hineingegangen war, nicht mehr den Ausgang finden würde.

Das Gespräch mit dem Baum des Lebens

Ich stand also da und überlegte, was ich tun sollte. Plötzlich hörte ich, wie eine kraftvolle, tiefe männliche Stimme links von mir zu mir sagte: „Michael! Was machst du hier?"

Ich schaute mich um und sah niemanden. Erst jetzt bemerkte ich einen Baum links von mir ganz nah; er hing förmlich in der Luft. Ich dachte bei mir: *„Aber wer hat da eben zu mir gesprochen?"* Während ich noch darüber nachdachte, erklang die Stimme von neuem und sagte: „Oh! Du fragst dich, .wer da mit dir spricht? Ich bin es, der Baum."

Ich will nicht sagen, ich wäre in diesem Moment nur verängstigt gewesen; aber die Stimme versetzte mich in Angst und Schrecken, und sie kam von einem Baum! Ich hätte es akzeptieren können, wenn es ein Traum gewesen wäre; aber die Umgebung und mein Bewusstseinszustand erschienen mir nicht wie ein Traum. Dies war etwas völlig anderes. Das Gefühl, das ich hatte, war so, als ob man alles „live" erlebt. Ich konnte in diesem Baum die Weisheit und Heiligkeit Gottes spüren. Ich hatte das Gefühl, dass der Baum mich durchschauen konnte, und er nannte mich sogar bei meinem Namen. Ich hatte das Gefühl, dass er mehr wusste als ich. Der Baum schien genau zu wissen, was ich in meinem Herzen dachte, und ich fühlte mich so klein und demütig.

Und wieder erklang die Stimme und sagte: „Michael! Hab keine Angst. Was machst du hier, und wohin gehst du?"

Ich sagte in meinem Herzen: „Dieser Ort ist wunderschön und ich weiß nicht, wohin ich gehen soll. Ich möchte nur noch mehr schöne Dinge sehen."

Unmittelbar darauf spürte ich eine wundervolle Art von Leidenschaft, die von dem Baum zu mir herüber strömte. Es war ein wundervolles Gefühl, das ich nie mit Worten beschreiben könnte. Es war Leidenschaft und Mitgefühl, mit so viel Liebe. In meinem Herzen hatte ich das Gefühl, dass der Baum mich sehr gut kannte und genau wusste, was mit mir geschah. Aber es schien, als ob ich nichts wusste und als ob es ihm nicht erlaubt war, mir alles zu sagen, was ich gerne wissen wollte.

Ich fühlte mich wie ein kleines Kind, das laufen lernen will, ohne zu wissen, wie es geht. Die Kommunikation zwischen uns war telepathisch. Die Stimme kam wieder in mein Herz und sagte: „Michael! Da du nicht weißt, wohin du gehen sollst, rate ich dir, geradeaus zu gehen. Nach hundert Metern gehst du nach links. Nach fünfzig Metern gehst du nach rechts und dann geradeaus bis zum Ende. Dann wirst du zu einem Ort kommen, der noch schöner ist."

Als ich dies hörte, war ich dem Baum so von Herzen dankbar, und er wusste es schon, denn mein Herz sagte mir, dass ich jetzt nichts mehr sagen sollte. Ich ging genau den Weg, den er beschrieben hatte. Mein Herz sagte mir, dass dies der Baum des Lebens war, von dem ich in der Bibel gehört hatte. Er stand an der Grenze zwischen Leben und Tod. Er stand zwischen dem Leben, das wir jetzt leben, und dem nächsten Leben, das danach kommt. Wenn man an diesem Baum vorbeigegangen ist, dann ist man bereits auf der anderen Seite.

Der Geist bleibt noch eine Weile in der Nähe

Wenn jemand im Koma liegt oder gerade aus dem Leben geschieden ist, bleibt sein Geist noch irgendwo zwischen dieser Welt und der geistigen Welt. Sobald sein Geist am Baum des Lebens vorbeigeht, ist er endgültig gegangen. Nur wenige Menschen haben durch Gottes Willen und Gottes Gnade das Privileg, noch einmal zurückzukehren. Vielleicht haben sie ihre Aufgabe auf der Erde noch nicht abgeschlossen, wie in meinem Fall, denn ich ging wirklich am Baum des Lebens vorbei und mein Herz und alle anderen Organe in meinem Körper gaben ihre Funktion auf, als ich im Krankenhaus lag. Einige Minuten lang war ich so gut wie tot. Die Ärzte und Schwestern, die sich um mich kümmerten, rannten alle in Panik herbei. Eine Schwester, die gerade Nachtschicht hatte, als es passierte, sagte mir später, sie sei in jenem Moment in meinem Zimmer gewesen. Sie habe meine Hand gehalten und es war kein Puls mehr zu spüren. Sie habe in ihrem Herzen gebetet, dass mir nichts zustoßen solle. Doch bevor die Ärzte alle Geräte herbeigeholt hatten, um mich zu reanimieren, habe mein Herz plötzlich von selbst wieder angefangen zu schlagen. Sie sagten meiner Frau am nächsten Tag, dass sie mich in der Nacht beinahe verloren hatten; es sei ein Wunder gewesen.

7

An der Pforte zum Himmel

Als ich schließlich das Ende der Zickzackstraße erreichte, traf ich wieder auf eine große freie Fläche, die von noch größeren und höheren Bergen umgeben war. Diesmal sah ich verschiedene Kreaturen – sowohl solche, die mir auf der Erde vertraut waren, als auch solche, die ich noch nie im Leben gesehen hatte. Alle bewegten sich sehr langsam, wie in Zeitlupe, in beide Richtungen und in Harmonie miteinander. Einige der Kreaturen, die ich erkannte, waren wunderschöne Schmetterlinge, die verschieden groß waren. Viele von ihnen hatten verschiedene Farben und Muster, die ich auf der Erde noch nie gesehen hatte. Es gab einige Schmetterlinge, die wie durchsichtiges Glas waren. Wenn man sich ihnen näherte, konnte man sehen, was sich hinter ihnen befand, denn sie waren durchsichtig und so rein.

Ich sah einige Leute, die wie Menschen aussahen, aber in himmlischen Körpern. Die meisten von ihnen hatten eine Form wie weiße Wolken. Ich hatte das Gefühl, wenn ich sie berühren würde, dann würden sie zerschmelzen, denn sie waren so zart und so leicht. Es sah aus, als wären sie alle in reinen, weichen, seidigen weißen Gewändern mit langen Ärmeln, so dass ihre Hände und Füße kaum zu sehen waren. Sie alle schwebten im Zeitlupentempo von einer Ecke in die andere. Es war wie Imagination für meine Sinne und wie Illusion für meine Augen, aber ich wusste, dass sie real waren. Ich konnte spüren, dass sie wussten, dass ich da war. Am besten kann ich sie so beschreiben, dass sie aussahen wie „verschwommene Schneeflocken".

Wenn zwei von ihnen aufeinander zukamen, bewegten sie sich nicht zur Seite, wie reale Menschen es tun würden; stattdessen verschmolzen sie ineinander und trennten sich wieder, um in ihre jeweiligen Richtungen weiter zu schweben. Es war wie eine Form der Begrüßung oder Liebesbezeugung. Habt ihr schon einmal die vorbeiziehenden Wolken bei Sonnenuntergang beobachtet? Ich liebe es, wie manchmal Teile einer Wolke mit anderen Teilen kollidieren. Sie bilden miteinander eine besondere Form, und ein paar Sekunden später trennen sie sich wieder. Genauso ist es, wenn die Seelen im Himmel einander grüßen. Der Anblick und das Gefühl waren so himmlisch. Überall an diesem Ort war eine tiefe, vollkommene Liebe zu spüren.

Ich war das einzige Wesen an diesem Ort, das physisch war, aber ich war so sehr im Frieden mit meiner Seele. Ich war so überwältigt von Freude, dass ich diesen Ort nie mehr verlassen wollte. Ich sagte in meinem Herzen, dass ich für immer dort bleiben wollte. Ich konnte den Frieden, die Freude, Liebe und gegenseitige Achtung, das Einssein und die Harmonie spüren, die dort existierten. Dieses kann man auf der Erde niemals erleben. Selbst wenn man der reichste Mensch auf diesem Planeten wäre, könnte man niemals diese Art von Frieden und Freude spüren, die dort existiert. Dies ist es, was ich gesehen habe; und ich erkannte, dass wir in dieser ruhelosen Welt nur unsere Zeit verschwenden, indem wir versuchen, das Glück zu erlangen, das nie kommen wird. Ein weiser Mensch sollte seine Zeit auf der Erde damit zubringen, Schätze im Himmel zu sammeln, indem er Gutes tut; denn die Schätze und Reichtümer dieser Erde werden alle vergehen. Was bleibt, ist das, was danach kommt.

Ich flog im Zeitlupentempo umher, von einer Ecke zur nächsten. Tief in meiner Seele war ich so glücklich und voller Zufriedenheit.

Noch nie hatte ich einen solchen Frieden erlebt, den ich im diesem Moment spürte. Alles war vollkommen. Nichts fehlte mehr, denn ich war so wunderbar im Frieden mit mir selbst. Jetzt habe ich erkannt, warum Jesus immer sagt: „Friede sei mit euch." Der Frieden, den er tatsächlich meinte, war der Frieden, der nur vom Himmel kommen kann. Es ist der Frieden, den ich dort erlebt habe. Diese Art von Frieden lässt sich auf dieser Erde oder in unserem sterblichen Körper niemals finden. Wenn man diesen Frieden einmal erlebt hat, will man ihn nie mehr loslassen. Es ist das Beste, was einem Menschen jemals passieren kann.

Wie goldene Sonnenstrahlen

Während ich flog, erschienen plötzlich über dem Berg reine, goldene Sonnenstrahlen. Mein Herz sagte mir, dass dies das goldene Tor zum Himmel war, das wie ein Sonnenstrahl herabstrahlte. Ich sagte zu mir selbst: *Wenn ich über den Berg fliegen und ganz oben auf dem Gipfel stehen könnte, von wo die Strahlen kommen, dann könnte ich das Tor zum Himmel sehen.* Also flog ich bergauf, bis ich den Gipfel des Berges mit beiden Händen berühren konnte, aber ich konnte nicht weiter hinauffliegen, um mit meinen Füßen auf dem Gipfel zu stehen. Ich versuchte es mit meiner ganzen Kraft und Willensstärke, aber ich konnte keinen Zentimeter weiterkommen. Also blieb ich dort hängen und überlegte, was ich als Nächstes tun sollte. Die goldenen Strahlen vom Tor des Himmels waren jetzt so stark, da ich näher herangekommen war, aber das Tor selbst konnte ich nicht sehen. Ich beschloss, den Strahlen eine Zeitlang zuzuschauen. Tief in meinem Herzen war ich so verzweifelt; aber die geistige Welt ist tatsächlich der Ort, wo das reale Gesetz existiert. In unserer physischen Welt kann man tun, was man möchte, nach eigenem Willen. Man kann sogar gegen das Gesetz verstoßen und die Konsequenzen zu spüren bekommen oder auch ungeschoren davonkommen. Ganz anders ist es in der geistigen Welt: Wenn einem etwas zu einem bestimmten Zeitpunkt nicht erlaubt ist, dann gibt es nichts, was man tun kann, auch wenn man noch so verzweifelt ist. Die Kraft oder Energie, die man hat, wird es ganz einfach nicht zulassen.

Ich hing noch immer dort und ich hörte, wie eine gewaltige Stimme zu mir sagte: „Michael, was versuchst du da?" Ich war verwirrt, da ich nicht wusste, wer zu mir sprach. Ich schaute mich um, aber es war niemand zu sehen. Wieder sprach die Stimme und sagte: „Ich bin es, der Berg, der mit dir spricht. Was versuchst du da?" In dem Moment erblickte ich an der Bergwand eine Zeichnung, die das Gesicht eines alten Mannes mit langem Bart darstellte. Die Zeichnung sah aus, als ob jemand etwas mit dem Finger auf weißem Sand gezeichnet hätte. Das gab mir das Gefühl, dass ich wusste, wer mit mir sprach, und in welche Richtung ich blicken sollte, wenn ich antwortete.

Und so sagte ich zu ihm: „Ich versuche zu sehen, ob ich mit den Füßen oben auf diesem Berg stehen kann, damit ich sehen kann, woher dieser wunderschöne goldene Strahl kommt."

Und er antwortete: „Es ist dir nicht erlaubt."

Und ich sagte: „Aber warum? Ich möchte doch nur mal schauen."

Er erwiderte: „Deine Zeit ist noch nicht gekommen. Du verstehst es jetzt vielleicht nicht, aber später wirst du es verstehen."

Ich war irgendwie enttäuscht, dass es mir nicht erlaubt war. Das Gesicht lächelte und sagte: „Michael, du kannst in die Richtung nach rechts weiterfliegen. Ein paar Leute warten darauf, dich zu sehen."

Mit einem Lächeln zerschmolz er und verschwand.

An diesem Ort ist alles, was existiert, ein lebendes Wesen. Sie alle besitzen die erhabene Weisheit Gottes. Sie achten und wertschätzen einander. Es gibt nichts Vergleichbares. Sie sind Menschen, und sie sind Tiere; alle waren gleich. Gott lebt in allen von ihnen, und sie alle verehren Gott und beten ihn an.

Man ist nicht nur genetisch mit den Vorfahren verbunden

Ich setzte meinen Flug in die rechte Richtung fort, wie der Berg es mir geraten hatte. In meinem Herzen wusste ich nicht, was mich erwartete. Ich dachte darüber nach, welche Leute darauf warteten, mich zu sehen. In diesem Moment schaute ich nach oben. Ich sah etwa zwanzig afrikanische Männer, die zwischen 50 und 60 Jahre alt waren. Sie trugen die typischen afrikanischen, traditionellen Trachten und hatten Bänder und Zebrahäute an den Kopf gebunden. An ihren Armen hatten sie Adlerfedern, die zusammengebunden waren. Sie spielten auf Trommeln, sangen und tanzten auf mich zu. Ich war so fasziniert, afrikanische Leute dort in ihren Trachten und mit ihren Trommeln zu sehen, die ein afrikanisches Lied in meiner eigenen Sprache sangen. Ich versuchte, zuzuhören, was sie sangen, aber ich konnte einige Wörter nicht verstehen. Ich wusste, dass sie auf Igbo sangen, aber es klang wie Igbo in seiner ursprünglichen Rauheit. Mein Verstand sagte mir, dass dies die Igbosprache war, wie sie vor Tausenden von Jahren geklungen hatte. Deshalb konnte ich einige Worte nicht verstehen. Mir fiel auf, dass sie alle genau gleich aussahen. Sie hatten dieselben Augen, dieselbe Nase und Größe; sie glichen einander wie Ebenbilder.

Als sie nahe genug an mich herangekommen waren, verstummte ihre Musik und sie schauten in verschiedene Richtungen, mit einem Lächeln in ihren Gesichtern. Einige schauten auf zum Himmel, einige schauten nach links und nach rechts, und einige nach unten auf ihre Füße. Ich stand vor ihnen. Ich wusste nicht, was ich zu ihnen sagen sollte; aber da die Kommunikation an diesem Ort über Telepathie stattfand, sprachen sie ebenfalls nicht zu mir. Ich fühlte, dass die Musik, die sie spielten, für mich bestimmt war. Ich spürte, dass sie sich freuten, mich zu sehen, und auch ich freute mich, sie zu sehen, aber ich wusste nicht genau, wer sie waren. Ich wusste nur, dass sie Afrikaner aus meiner eigenen Kultur waren, denn sie sangen in meiner Sprache. Wir standen noch dort, als plötzlich einer von ihnen aus der hinteren Reihe hervortrat.

Ich sah genauer hin und bemerkte, dass es mein Vater war. Er trat auf mich zu und nannte mich bei meinem afrikanischen Namen.

„Uche! Was machst du hier?"

Ich war so glücklich, ihn zu sehen, und auch er war glücklich, mich zu sehen. Wir umarmten uns für einige Minuten und dann sagte er zu mir: „Diese Leute sind deine Urgroßväter, deine Urahnen. Es gibt ein starkes Band, das uns alle verbindet. Sie sind so glücklich, dass einer ihrer Söhne hier ist, und da haben wir beschlossen, zu kommen und dich mit Musik zu empfangen."

Während er dies sagte, hob er seine linke Hand und legte sie auf meine rechte Schulter. Augenblicklich verwandelte ich mich und trug genau dieselben afrikanischen Trachten wie sie. Ich sah genauso aus wie mein Vater. Es war, als seien wir zu Zwillingsbrüdern geworden. Mein Vater sah so jung und frisch aus, als wäre er etwa so alt wie ich. Ich war so überrascht, und dann sagte ich: „Dad! Du siehst genauso aus wie ich!"

Alle lachten. Mein Vater sagte: „Mein Sohn! Du siehst genauso aus wie ich." Daraufhin lachten sie noch mehr. Dann legte er wieder seine linke Hand auf meine rechte Schulter, und augenblicklich sah ich wieder so aus wie vorher.

Die Nabelschnur der Mutterliebe

Ich sah, dass rechts von mir, einige Meter entfernt, zwei Frauen standen. Ich schaute genauer hin und erkannte, dass eine von ihnen meine Mutter war. Die andere Frau, die neben ihr stand, war meine Tante. Beide waren vor vielen Jahren verstorben. Sie trugen samtige, glänzende, seidige, silberfarbene Kleider, wie die Leute, die ich zuvor gesehen hatte. Ich war so außer mir vor Freude, als ich meine Mutter sah. Seit meine Mutter gestorben war, hatte ich immer gedacht, es wäre der Himmel für mich, wenn ich wieder mit ihr zusammen sein könnte; und da stand sie nun vor mir.

Ich begann, in ihre Richtung zu fliegen. Ich sah das strahlende Lächeln in ihren Gesichtern, als ich mich ihnen näherte. Das Merkwürdige war, dass sie, obwohl sie nicht weiter als zweihundert Meter von mir entfernt standen, immer weiter entfernt zu sein schienen, je mehr ich versuchte, mich ihnen zu nähern. Ich hatte den verzweifelten Wunsch, meine Mutter zu umarmen. Ich liebe sie so sehr und hatte sie so sehr vermisst. Sie standen da und lachten über mich. Ich fühlte mich wie ein kleines Kind, das versucht zu laufen, aber immer wieder hinfällt. Nach etlichen Versuchen beschloss ich, stehen zu bleiben und meiner Mutter direkt in die Augen zu schauen. Ich sah in ihren Augen, wie sehr auch sie mich liebte und vermisste. Ich konnte noch die Nabelschnur spüren, die mich mit meiner Mutter verband. Die Liebe und Leidenschaft einer Mutter zu ihrem Kind war so stark. Sofort begann sie, durch Telepathie mit mir zu kommunizieren.

Sie sagte: „Mein Sohn! Ich bin so froh, dich zu sehen, aber dorthin, wo ich bin, ist es dir noch nicht erlaubt, hierherzukommen."

Ich sagte zu ihr: „Aber Mum, ich habe dich so sehr vermisst! Ich möchte genau dort sein, wo du bist. Ich möchte dich nicht mehr gehen lassen."

Und sie fragte: „Wo sind deine Frau Sabine und deine Kinder?"

Ich sah sie an und wusste nicht, was ich sagen sollte.

Dann sagte sie: „Mein Sohn! Du musst zurückgehen. Deine Kinder sind noch sehr klein und deine Frau braucht dich noch, um sie großzuziehen. Sie braucht noch deine Hilfe. Außerdem ist deine Zeit noch nicht gekommen, um hierherzukommen."

All dies sagte sie mit so viel Liebe in ihrem Herzen, und aus meinem Herzen strömte die Liebe zu ihr zurück. Aber ich wusste: Selbst wenn sie wollte, dass ich zu ihr komme, gab es nichts, was ich oder irgendjemand tun konnte. Man hat im Reich Gottes nur das Gesetz zu befolgen.

Mein Schwiegervater sprach auf Deutsch mit mir

Während ich noch überlegte, was ich zu meiner Mutter sagen sollte, erblickte ich plötzlich etwas, das aussah wie ein Auto, das aus einem großen Apfel geschnitzt war. Es war das schönste Design eines Autos, das ich je im Leben gesehen hatte. Es sah so kurvig und abgerundet aus, so glatt und sanft, geradezu zum „Reinbeißen". Die Farbe war reines Weiß und es hatte keine Räder. Es flog im Zeitlupentempo auf mich zu. Als es sich näherte, bemerkte ich, dass es keinen Fahrer hatte. Die hinteren Scheiben waren getönt, so dass ich nicht sehen konnte, ob hinten jemand saß. Als ich in das Auto hineinschauen wollte, weil ich von seiner Schönheit so fasziniert war, schob sich die getönte Scheibe am Rücksitz des Autos plötzlich nach unten und – siehe da! – es war mein Schwiegervater, Herr Erwin Puschner. Er trug ein weißes Hemd, einen schwarzen Anzug und eine schwarze Fliege. Sein Haar und sein Bart waren perfekt gestylt, wie bei den Prominenten, die man in den Casinos von Las Vegas sieht. Er war so jung und sehr gutaussehend, wie jemand aus einem James-Bond-Film. Er hatte ein Telefon in der linken Hand und sprach mit mir und gleichzeitig mit jemand anderem.

Er stellte mir eine Frage und hörte nicht zu, als ich antwortete; er sprach einfach weiter am Telefon. Er sprach mit mir auf Deutsch. Er sagte: „Hi Mickey! Wo ist Sabine, und wo sind die Kinder?"

Und ich sagte: „Sie sind zu Hause."

Er sagte: „Du musst aber runter! Aber dalli!"

Ich versuchte noch, etwas zu sagen, als sich die getönte Scheibe nach oben schob. Das Auto flog davon und verschwand, als hätte es sich in Luft aufgelöst. Dies war der Moment, in dem ich beschloss, zurückzugehen. Dass mein Schwiegervater auf Deutsch mit mir gesprochen hatte, rief Gefühle in mir wach, und ich vermisste meine Frau und meine Kinder.

Der Schmetterling: Ein Symbol des Paradieses

Seit meiner Kindheit fühlte ich mich immer, wenn ich einen Schmetterling sah, an Blumen erinnert. Blumen sind charakteristisch für einen Garten, und ein Garten symbolisiert das Paradies.

Als ich wieder bergab fliegen wollte, sah ich einen sehr großen, wunderschönen Schmetterling. Er war so groß wie ein Adler. Er hatte nicht die typischen Farben eines Schmetterlings. Er leuchtete und reflektierte das Licht wie eine Kristallkugel und bewegte sich in Zeitlupe. Während ich ihm zuschaute, kam er auf mich zu und blieb vor mir stehen. In demselben Moment hörte ich eine Stimme in meinen Gedanken, die sagte: „Michael! Was machst du hier? Wo sind deine Frau und deine Kinder? Du musst zurückgehen, denn sie brauchen dich noch. Aber bevor du gehst, möchte ich dir etwas zeigen."

Im Innern meines Herzens wusste ich, dass die Stimme von dem Schmetterling kam. Es war eine so wundervolle und leidenschaftliche Stimme, die in mein Herz strömte wie ein kalter Schauer. Ich fragte mich: *Warum fragen alle nach meiner Frau und meinen Kindern?* Gleichzeitig war ich glücklich, dass meine Ehe im Himmel anerkannt wurde. Hätte ich einfach nur mit einer Frau zusammen gelebt und mit einer Freundin ein Kind gehabt – würde mich dann hier auch jemand nach ihr fragen?

Der Schmetterling forderte mich auf, hinter mich zu schauen. Dort sah ich sieben hellgraue Kartons. Sie sahen aus wie Schuhkartons. Er bat mich, die Kartons zu zählen. Es waren sieben hellgraue Kartons, die in der Luft hingen. Der Schmetterling forderte mich auf, den vierten Karton zu öffnen und hineinzuschauen. Als ich es getan hatte, fragte er mich: „Was hast du gesehen?"

Und ich antwortete: „Nichts." Der Karton war leer.

Er bat mich, den Karton zurückzustellen. Dann sagte er: „Michael! Diese sieben Kartons sind verschiedene Etappen deines Lebens, und jetzt bist du gerade auf der Nummer 4. Du solltest sehr gut achtgeben!"

Schwarze Flecken auf weißem Schnee

Dann bat er mich, hinunter zu schauen auf die Erde. Augenblicklich lichtete sich die weiße Wolke, die unter uns war. Ich konnte von dort aus, wo wir waren, die Erde sehen. Ich sah Menschen, die auf der Straße gingen. Es war noch Winterzeit und es schneite. Ich sah Autos und Pferde. Ich konnte sogar erkennen, dass sich die Straße irgendwo in „Landstraße" befand, dem dritten Wiener Bezirk, wo ich mit meiner Familie oft Einkaufen ging.

Der Schmetterling fragte: „Was hast du gesehen?" Ich beschrieb alles, was ich sah, und dann sagte er: „Schau auf den Straßenrand und sag mir, was du siehst."

Ich schaute nochmals und sah einen etwa fünf Zentimeter hohen, weißen Schneehaufen. Ich sagte: „Ich habe nur Schnee gesehen."

Und er fuhr fort: „Schau ganz genau auf diesen Schnee und sag mir, was du siehst." In diesem Augenblick schien es, als ob die Erde näher herangezoomt wurde, wie in „Google Maps". Ich entdeckte ein paar winzig kleine, schwarze Flecken auf dem Schnee. Sie waren wie Hufabdrücke von Pferden, die über den Schnee gelaufen waren.

Ich wandte mich zu dem Schmetterling und sagte: „Es sieht aus, als ob winzig kleine, schwarze Flecken auf dem Schnee sind."

Er erwiderte: „Diese winzigen, kleinen schwarzen Flecken sind deine Wege. Es sind deine Fußspuren. Du musst zurückgehen und sie abwaschen. Solange du nicht rein weiß bist wie dieser Schnee, ohne einen Flecken, kannst du nicht höher fliegen. Und kannst nicht das goldene Tor sehen."

Augenblicklich verstand ich, warum ich nicht über den Berg fliegen und auf seinem Gipfel stehen konnte, um das goldene Tor zu erblicken. Auch erinnerte ich mich, was das an der Bergwand gezeichnete Gesicht zu mir gesagt hatte: dass es mir nicht erlaubt war, hinüber zu fliegen, und dass ich es später verstehen würde.

Der Schmetterling fuhr fort: „Diese kleinen schwarzen Flecken, die du siehst, sind vor allem die Menschen, die dich verletzt haben und denen du nicht vergeben wolltest. Du hegst so viel Groll gegen viele Menschen, und einige von ihnen sind Menschen, die du selbst ebenso verletzt hast. Einer der Hauptgründe, weshalb viele Menschen es nicht bis zum Himmel schaffen, ist, dass sie Groll gegeneinander hegen; dass sie unversöhnliche Herzen haben. Auch wenn dich jemand verletzt, warte nicht darauf, dass er dich um Vergebung bittet. Sprich ihn an und lasse ihn wissen, was er getan hat, und dann vergib ihm von Herzen." Nachdem er dies gesagt hatte, forderte er mich auf: „Jetzt kannst du hinunter gehen."

Plötzlich sah ich mich fallen, wie eine Rakete, bevor ich es gewahr wurde. Es gab einen Moment, in dem ich wirklich Angst hatte. Ich dachte, ich könnte auf dem Boden aufschlagen und sterben. Ich schloss die Augen, und plötzlich wurde es dunkel.

8

Zurück auf der Erde

Als ich aufwachte, lag ich auf einem langen Tisch in einer dunklen Halle, die etwa 120 m² groß war. Ich war sehr müde und hatte starke Kopfschmerzen. Es gelang mir, mich auf dem Tisch aufzusetzen. Ich sah, dass etwa fünfzehn weitere Tische in der Halle waren, und auf jedem Tisch lag eine nackte Leiche. Da wurde mir klar, dass ich mich in einer Leichenhalle befand. Mein Inneres sagte mir, dass ich in der Leichenhalle des St. Francis Hospitals in meiner Heimatstadt Awka-Etiti in Nigeria war. Der Gedanke daran machte mir noch mehr Angst. Um ehrlich zu sein: Wäre ich im Krankenhaus hier in Österreich gestorben und meine Leiche wäre nach Nigeria überführt worden, dann wäre sie in der Leichenhalle des St. Francis Hospitals aufgebahrt worden, bevor die Beerdigungszeremonie geplant worden wäre. Ich hatte wirklich Angst, da ich dachte, ich wäre schon gestorben und meine Leiche wäre von Österreich nach Nigeria überführt und zur Einbalsamierung in einer Leichenhalle aufgebahrt worden.

Und jetzt – wie sollte ich das erklären? Wie würden die Leute reagieren, wenn sie sehen würden, wie ich mitten in der Nacht aus einer Leichenhalle herauskomme? In der Nähe, links von mir, war ein offenes Fenster mit einer grellen Sicherheitsleuchte, die von draußen direkt auf das Fenster gerichtet war. Mein Verstand sagte mir, dass dort Sicherheitsbedienstete waren, die Gewehre hatten und das gesamte Krankenhaus bewachten, und wenn ich versuchen würde, jetzt mitten in der Nacht durch das Fenster zu entkommen,

könnten sie mich für einen Kriminellen halten und auf mich schießen. Ich hatte wirklich große Angst, genauso, wie ich im wirkli-
chen Leben Angst gehabt hätte. Es war nicht wie ein Traum; alles
schien wie Realität.

Ich traf zum ersten Mal meinen Schutzengel

Während ich noch überlegte, was ich tun sollte, kam plötzlich jemand aus dem dunklen Bereich der Halle. Ich erschrak noch mehr,
denn ich konnte sein Gesicht nicht sehen, aber ich merkte, dass er
auf mich zukam. Ich fühlte mich so hilflos, denn ich wusste, dass
ich sehr schwach war und mich nicht wehren konnte, falls er gefährlich war. Als er näher kam, war ich so erleichtert, als ich sah,
dass es ein harmlos aussehender kleiner Junge war. Er war etwa
acht Jahre alt. Er schien afrikanisch-europäischer, gemischter Ab-
stammung zu sein, hatte schwarzes, lockiges Haar und lange,
schwarze Wimpern. Mein Sohn ist auch halbafrikanisch, aber ich
wusste, dass er es nicht war. Ich fragte mich, wer er war, wie er
hereingekommen war und was er zu dieser nächtlichen Stunde allein in einem Leichenhaus suchte.

Er war gut gekleidet, in dunkelrotem Pullover und Jeans; in der
Hand hatte er ein Nintendo-Game. Ich schaute ihn an, während er
auf mich zukam, wobei er weiter mit seinem Nintendo spielte.

Als er vor mir stand, sah er auf und sagte: „Oh! Onkel Mike! Du
bist wach geworden! Du musst ja sehr müde sein. Mach dir keine
Sorgen. Alles wird gut."

Als ich ihn gerade fragen wollte, wer er sei, ging er zum offenen Fenster, setzte sich aufs Fensterbrett und spielte weiter mit seinem Nintendo.

Ich sagte zu ihm: „Setz dich nicht ans Fenster! Die Sicherheitsleute draußen werden auf dich schießen."

Doch er lächelte. „Hab keine Angst! Mir wird nichts geschehen." Er saß am Fenster, aber noch bevor er zu Ende gesprochen hatte, hörten wir von draußen einen Schuss und jemand schrie vor Schmerz laut auf. Mein Verstand sagte mir, dass jemand auf den kleinen Jungen schießen wollte und dann selbst von jemand anderem von hinten erschossen wurde. Ich erkannte, dass dies eine Gelegenheit war, um zu flüchten, und ich stand auf, nahm den Jungen bei der Hand und sprang aus dem Fenster. Dann wurde es plötzlich wieder dunkel.

Auf sein Inneres hören

All meine Erlebnisse, sowohl im Himmel als auch jetzt, geschahen „Abschnitt für Abschnitt", es gab weder Raum noch Zeit. Es wurde dunkel und plötzlich befand ich mich an einem anderen Ort oder in einer anderen Umgebung, oder etwas verwandelte sich in etwas anderes. Und alles, was ich sah, ohne es zu verstehen, erklärte mir mein eigenes Herz. Es war, als führte ich ein Gespräch mit mir selbst, in meinen Gedanken. Das erleben wir auch in unserer physischen Welt; manchmal führt man ein Gespräch mit sich selbst, meistens dann, wenn man allein ist. Ich würde es einen Frage-und-Antwort-Moment nennen.

Wenn man solche Momente erlebt, stellt man fest, dass es meistens diese Momente sind, in denen man Antworten oder Lösungen für bestimmte Dinge findet oder in denen man neue Ideen entwickelt. Schon seit ich ein Kind war, habe ich das oft getan. Dieser Augenblick, wenn man frühmorgens aufwacht und noch mit geschlossenen Augen auf dem Bett liegt – dieser Moment hatte für mich immer etwas Magisches. Es war der Moment, in dem ich meditieren und darüber nachdenken konnte, was ich den Tag über machen würde. Ich konnte über meine Zukunft und meine Träume nachdenken und darüber, was ich erreichen wollte und wie ich es angehen konnte. Es hat immer funktioniert, da mir in diesem Moment immer neue Ideen kommen. Es ist, als spreche man mit seinem Inneren, d.h. mit seinem Geist, und höre ihm zu. Dein Geist ist mit Gott verbunden, und es ist dieser vollkommene, stille Augenblick, in dem Gott mir dir sprechen kann.

Spirituell eng verbunden mit meiner Frau

Als ich aufwachte, war ich in einer kleinen, landestypischen Hütte, nicht weit entfernt von dem Leichenhaus, aus dem ich gerade geflohen war. Der Ort schien mir wie das Dorf zu sein, in dem die Vigilantengruppe ihre Versammlungen abhielt. Es war noch spät in der Nacht. Eine andere Person lag neben mir, schlafend, mit dem Gesicht zur Wand, so dass ich das Gesicht nicht sehen konnte. Ich war im Schockzustand, da mir klar war, dass ich ganz sicher nicht hier sein sollte, zu diesem Zeitpunkt.

In meinem Dorf in Nigeria gibt es sehr strenge, merkwürdige Vigilantengruppen, die nachts gegen Kriminelle und bewaffnete Räuber vorgehen. Diese Leute können einen erschießen, ohne zu fragen, wer man ist und was man spät in der Nacht draußen treibt.

Sobald es 22.00 Uhr ist, sieht man in meinem Dorf niemanden mehr auf der Straße, es sei denn, er ist ein Mitglied der Vigilanten-gruppe oder einer der Sicherheitsbediensteten.

Ich fragte mich: *Wie bin ich hierhergekommen? Wer ist dieser Mensch, der neben mir schläft?* Ich war so müde. Ich hatte keine Energie, um auf den Füßen zu stehen, aber der Gedanke, von den Vigilanten nicht erkannt zu werden, wenn sie mich hier liegen se-hen würden, und schließlich erschossen zu werden, jagte mir Angst ein.

In diesem Moment hörte ich einen meiner Lieblings-Reggae-Songs mit dem Titel „Psalm 23" von Gramps Morgan und Buju Banton. Es beruhigte meine Nerven, den Song zu hören, denn der Song ist selbst ein starkes Gebet. Es heißt darin: „Der Herr ist mein Hirte, mir wird nichts mangeln. Und ob ich schon wanderte im finstern Tal, fürchte ich kein Unglück." Ich versuchte, mich auf den Song zu konzentrieren, und der Text des Songs machte mir Mut.

Plötzlich fuhren zwei Fahrzeuge heran und hielten vor der Hütte. Das erste war eine kleine, gold-metallic-farbene Limousine, in etwa wie ein Honda Accord; es hatte kein Autokennzeichen. Das zweite Fahrzeug dahinter war wie ein alter 1998er Ford Pickup Truck, auf dessen Ladefläche sich schwerbewaffnete Sicherheits-leute befanden.

In meinem Herzen dachte ich: *Jetzt haben sie mich erwischt!* Wie sollte ich ihnen erklären, wer ich war und was ich zu dieser nächt-lichen Zeit in ihrer Hütte trieb? Über zehn Jahre war es her, dass ich Afrika verlassen hatte. Ich hoffte, einer der Männer würde mich noch wiedererkennen, so dass man mich nicht für einen Kriminellen halten und erschießen würde. Während ich noch in Gedanken war, wurden die Türen des Honda geöffnet und – siehe da! – es waren meine Tochter Tara und meine Frau Sabine, die zu mir liefen und mich umarmten.

Sie wollte mich überraschen

Meine Frau und meine Tochter strahlten mich an. Ich fragte meine Frau: „Woher wusstest du, dass ich hier bin? Wer hat mich hierher gebracht und wie bin ich von Österreich bis zu meinem Dorf in Nigeria gekommen, ohne dass ich es wusste und ohne dass ich mich an irgendetwas erinnern kann?"

Je mehr Fragen aus mir heraussprudelten, umso schelmischer lachte meine Frau. Ich dachte, sie würde mich oder meine Fragen nicht wirklich ernst nehmen. Dann sagte sie: „Hase! DJ Crocodile gibt ein großes Konzert hier in deinem Heimatort und da wollte ich dich überraschen. Ich habe Flugtickets für uns alle gekauft, damit wir sein Konzert besuchen können. Ich würde auch gerne deine Brüder und Schwestern sehen."

„Wieso habe ich nichts davon gewusst und wieso habe ich nicht mal mitbekommen, dass wir ins Flugzeug gestiegen sind?"

„Ich habe mit einem Arzt in Österreich abgemacht, dass dir ein Schlafmittel injiziert wurde, damit wir, wenn du aufwachst, schon in Afrika angekommen wären."

Sie hatte erwartet, ich würde mich freuen, aber stattdessen war ich so ärgerlich auf sie und auf ihr albernes Überraschungspaket. Wütend sagte ich: „Wie konntest du nur? Wie konntest du nur so etwas mit mir machen? Weißt du nicht, dass ich, bevor du nach Afrika kommst, erst alles planen muss? Du könntest entführt werden oder sogar getötet werden, weil du eine Weiße bist."

Sie lachte noch lauter, und dann sagte sie: „Aber alles ist perfekt geplant. Ich habe dieses Auto für uns gekauft, damit wir mobil sind." Sie zeigte auf den Honda ohne Nummernschild. „Und ich habe sogar ein paar Sicherheitsleute engagiert, die uns beschützen und uns überall hinführen, wohin wir wollen. Bitte steh auf und lass uns deine Familie besuchen. Ich möchte deinen Bruder Sunny sehen, und all die anderen." All dies sagte sie voller Begeisterung, aber ich hatte keine andere Wahl, als ihr zu folgen. Kaum war ich ins Auto gestiegen, da wurde es wieder dunkel.

Ich war im Geiste schon geheilt

Als ich wieder aufwachte, lag ich in einem Krankenhausbett. Ich trug ein Krankenhaushemd. Ich schaute umher und bemerkte, dass ich nicht wirklich in einem Krankenhaus war. Es sah aus wie ein gemietetes Zimmer mit WC und Bad. Neben meinem Bett stand ein weiteres Bett, das leer war. Ich fragte mich, ob ich einen Zimmergenossen hatte, der gerade weggegangen oder vielleicht schon entlassen worden war. Ich hing noch an einem Tropf, aber ich hatte keinerlei Schmerzen. Durch das große Fenster auf der linken Seite des Zimmers konnte ich den Straßenlärm von den Menschen dort hören; es schien eine sehr geschäftige Straße zu sein. Es schien, als ob ganz in der Nähe ein sehr großer Markt war. Ich hörte Autos und Motorräder vorbeifahren. Ich hörte die Leute reden, kaufen und verkaufen. Ich hörte den typischen Verkehrslärm.

Während ich noch überlegte, wo dies sein könnte, sprang die Tür des Zimmers auf und meine Frau kam herein; sie strahlte über das ganze Gesicht. Sie trug eine gelbe Bluse und himmelblaue Jeans. Ich war sehr überrascht, wie fantastisch sie in diesem Outfit aussah und welche positive Energie sie ausstrahlte. Ich hatte sie in diesem Outfit noch nie gesehen.

Sie kam und setzte sich auf den Rand meines Bettes und sagte: „Hase, du bist schon aufgewacht."

Völlig verwirrt, fragte ich sie: „Wo bin ich? Wer hat mich hierher gebracht? Was ist mit mir passiert?"

Je mehr ich fragte, umso mehr lachte sie. Das verwirrte mich noch mehr. Mir war, als wollte sie mir nicht genau sagen, was passiert war. Sie sagte nur: „Hase, ruh dich aus. Es ist eine lange Geschichte, aber zuerst musst du wieder gesund werden."

Daraufhin bewegte ich meine Beine und versuchte, mich in eine andere Position zu legen. Sie sah mich überrascht an und sagte: „Oh, du kannst schon deine Beine bewegen? Ich bin so froh, dass du wenigstens deine Beine bewegen kannst."

Ich fragte: „Was ist mit meinen Beinen? Natürlich kann ich sie bewegen. Hatte ich einen Unfall?"

Sie wollte gerade etwas sagen, als jemand die Tür öffnete und hereintrat. Sofort waren wir still und schauten ihn an.

9

Der Engel des Todes

Er trug eine dicke, schwarze Lederjacke und schwarze Lederhose. Er war in Motorradkleidung, mit schwarzer Sonnenbrille. Er erinnerte mich an Arnold Schwarzenegger im Film *„Terminator"*. Er ging langsam im Zimmer umher, mit beiden Händen auf dem Rücken, als ob er nach etwas suchte. Ich sah die Angst in den Augen meiner Frau, aber sie behielt ihn fest im Blick, um genau zu sehen, was er vorhatte. Als ich erkannte, wer dieser Mann war, bekam ich noch mehr Angst, denn ich wusste sehr gut, dass dieser Mann vor längerer Zeit in Nigeria verstorben war. Ich hatte ihn in den Jahren 1999-2001 gekannt. Damals hatte ich ihn bei einem Film-Casting im Mac Davos-Hotel in Enugu getroffen. Irgendwie wurden wir Freunde, aber es war keine so enge Freundschaft. Ihm gefiel meine Musik so sehr. Damals spielte ich meine Demo-CD jedem vor, der sie hören wollte, und seit er meine Songs gehört hatte, war er immer gern in meiner Nähe.

Sein Spitzname war „ 2pac", wegen der Gangster-Rollen, die er in den Filmen immer spielte. Einmal beklagte er sich bei mir, er frage sich, warum die Filmproduzenten ihm immer Rollen gaben, in denen er den Bösewicht spielen musste. Meine Antwort war, dass er vielleicht gut darin sei und dass er dabei bleiben sollte. Nachdem ich 2003 Afrika verlassen hatte und nach Europa gegangen war, brach der Kontakt ab. Jahre später erfuhr ich von einem Freund, dass er in eine Straftat verwickelt war und erschossen wurde.

Ich hatte große Angst wegen all dieser frischen Erinnerungen, und tief im Innern wusste ich, dass er nicht im Frieden gekommen war. Plötzlich sagte er in meiner Muttersprache: „Uche! So I naru-ije a?", was bedeutet: „Uche! Du hast also diese Reise gemacht?" oder: „Du bist also wirklich dem Tod entkommen?"

Mein Inneres sagte mir, dass er ein Todesengel war, der gekommen war, um mich zu töten; deshalb ging er im Zimmer umher, um etwas zu finden, womit er mich umbringen konnte. Aber ich danke Gott, dass meine Frau da war. Die Anwesenheit meiner Frau war eine Art Hindernis für ihn, um seinen Auftrag auszuführen.

Meine Frau, mit besorgtem Blick, flüsterte mir auf Deutsch zu: „Kennst du diesen Mann?" Sie hatte gehört, dass er mich mit meinem afrikanischen Namen angesprochen und in meiner Sprache mit mir geredet hatte.

Und ich sagte zu ihr: „Ja, ich habe ihn vor langer Zeit in Afrika kennen gelernt. Wir haben zusammen in Filmen gespielt, aber ich dachte, er wäre inzwischen tot."

Und meine Frau sagte: „Er sieht sehr gefährlich aus und seine Energie gefällt mir nicht."

Der Typ spazierte immer noch im Zimmer umher. Er schien nach etwas zu suchen, aber dann ging er plötzlich in das WC hinter meinem Bett und ließ die WC-Tür offen. Ich konnte ihn nicht sehen, aber meine Frau beobachtete, was er dort machte. Ich hörte, wie er versuchte, etwas aus Eisen oder Metall im WC herauszubrechen. Ich fragte meine Frau, was er machte, aber sie sagte nichts. Stattdessen hielt sie mein Kinn zurück, als ich versuchte, in Richtung des WCs zu schauen. Ich sah immer noch Panik in ihren Augen.

Schnell drückte sie auf den Knopf an meinem Bett und die Tür zum WC schloss sich automatisch – er war im WC eingesperrt. Plötzlich hörten wir ein lautstarkes, Monster-ähnliches Geschrei aus dem WC. Gleichzeitig versuchte jemand, die Tür zu meinem Zimmer zu öffnen. Es war eine Reinigungskraft, die gerade den Fußboden vor dem Eingang wischte; ihr Wischmopp war unter der Zimmertür stecken geblieben. Ein Mann, der draußen gestanden hatte, konnte nicht hereinkommen. Er versuchte, die Tür mit Gewalt zu öffnen, und verletzte dabei die Reinigungskraft. Sie fiel zu Boden und begann zu weinen.

Als der Typ im WC merkte, dass sein Komplize ihm nicht zu Hilfe kommen konnte und dass seine Zeit abgelaufen war, wuchsen ihm augenblicklich große, schwarze Flügel und er flog durch das Toilettenfenster. Man hörte einen gewaltigen Schrei; ein greller Blitzstrahl schoss unter der Toilettentür hindurch und Donner dröhnte. Ich hörte das Geräusch von zersplitterndem Glas.

Ich blickte zum Fenster und sah ihn davonfliegen, aber meine Frau drehte schnell meinen Kopf zu sich hin. Sie wollte sagen, dass ich nicht zu ihm hinschauen sollte. Dann wurde es wieder dunkel. Das war das zweite Mal, dass ich meine Frau sah, während ich im Koma lag, und ihr Geist war da, um mich zu beschützen. Jetzt weiß ich, weshalb es in der Bibel heißt: „Eine tüchtige Frau *ist* die Krone ihres Mannes, eine schändliche *ist* wie Fäulnis in seinen Knochen" (Sprüche Salomos 12:4). Und in Sirach 26:1 heißt es: „Eine gute

Frau – wohl ihrem Mann. Die Zahl seiner Jahre verdoppelt sich."
Ich danke Gott für meine Frau.

10

Du betetest für mich in der physischen Welt, aber ich sah dich im Geiste

Ich sah mich wieder zusammen mit meiner Frau; sie hielt mich an meiner rechten Hand, da ich nicht gut laufen konnte. Ich hatte eine Menge Verbandszeug und Bandagen am ganzen Körper, von Kopf bis Fuß, und ich hatte starke Kopfschmerzen. Ich hatte große Schmerzen. Ich wusste, dass mir etwas Schreckliches passiert war, aber es fiel mir noch nicht ein, was es war. Hatte ich einen schweren Unfall? War ich aus dem vierzehnten Stock eines Gebäudes gefallen? War ich aus dem fahrenden Zug gefallen? All diese Fragen kamen mir in den Sinn. Mir schien es, als ob es meiner Frau nicht erlaubt war, mir zu sagen, was passiert war. Sie hielt mich an der Hand und führte mich zu einer Wohnung im Erdgeschoss eines Gebäudes, das ich noch nie zuvor gesehen hatte. Die Umgebung sah aus, als ob es irgendwo in Afrika war, aber das Gebäude hatte die typische alte europäische Architektur, die man in Wien findet. Es hatte große Korridore, große Eingänge und große Fenster. Sie sagte mir nicht, wohin wir gingen oder wen wir treffen wollten. Ich folgte ihr nur, weil sie meine Frau ist und weil sie die Einzige ist, der ich vertrauen kann. Als wir ins Wohnzimmer traten, war dort ein Mann, der mit dem Gesicht zum Kamin stand, in welchem ein Feuer brannte und das Zimmer erwärmte. Als er uns hörte, drehte er sich um und schaute uns an. Es war Fr. Francis.

Ihn wiederzusehen, hatte zur Folge, dass ich so emotional wurde, dass ich nicht mehr sprechen konnte und nur noch weinte. Er hatte so viel Mitleid und Mitgefühl mit mir. Er sagte kein Wort, aber irgendwie in meinem Herzen konnte ich fühlen, was er fühlte. Er kam auf mich zu und streckte mir seine beiden Hände entgegen, um meine Hände zu halten. Er führte mich zu einem Platz, wo ich mich hinsetzen konnte, und dann schloss er die Augen und begann, für mich zu beten. Durch seine Gebete fühlte ich eine große Erleichterung. Tief in meinem Herzen fühlte ich großen Frieden und Geborgenheit. Mir wurde klar, dass Gebete genau das waren, was ich am meisten brauchte. Ich war durch verschiedene Szenarios gegangen, die mir wirklich Angst gemacht und mich in Panik versetzt hatten. Er hielt noch meine Hände und betete, während meine Frau neben ihm stand und ebenfalls betete. Es gelang mir, meinen Kopf ein wenig zu senken und ich schloss die Augen. Und dann wurde es plötzlich wieder dunkel.

Wenn man im Koma ist, hört man die Stimme und die Berührung eines geliebten Menschen

An dieser Stelle möchte ich etwas sehr Wichtiges sagen. Fr. Francis war derjenige, der allein mit mir gewesen war, als ich ohnmächtig wurde. Er war derjenige, der den Notruf anrief. Er erlebte das alles mit und sah es mit eigenen Augen. Dadurch war er mit all dem persönlich verbunden, und deshalb ließ er alles stehen und liegen und besuchte mich jeden dritten oder vierten Tag im Krankenhaus, als ich im Koma lag. Er hielt meine Hände und betete.

Und meine Frau tat dasselbe. Sie kam herein, hielt meine Hände und weinte, während sie betete. Einmal sagte sie: „Hase! Lass mich nicht allein. Ich brauche dich noch. Was soll ich mit unseren Kindern machen? Mit wem soll ich mich unterhalten?"

Obwohl ich im Koma lag, hörte ich alles, was sie sagte. Ich konnte sie nicht sehen, aber ich hörte ihre Stimme so laut, als ob sie durch ein Mikrofon sprechen würde. Fr. Francis und meine Frau waren die Einzigen, die mich besuchen durften, als ich im Koma lag. Deshalb konnte ich sie beide in der geistigen Welt sehen, wie sie für mich beteten, und das half mir ganz entscheidend, durchzuhalten.

Bei dieser Gelegenheit möchte ich jedem, der dieses Buch liest, etwas ans Herz legen: Sollte irgendwann einmal eine dir nahestehende oder verwandte Person im Koma sein, bitte besuche sie immer im Krankenhaus. Setz dich an ihren Bettrand, halte ihre Hände und sprich mit ihr. Das Wichtigste, was er oder sie braucht, sind deine Gebete und deine Berührung, denn er oder sie kann all dies sehen und fühlen. Falls du die Lieblingsmusik der Person kennst, spiele sie ganz leise in der Nähe ihrer Ohren, zum Beispiel von einem Laptop oder sogar von deinem Handy. Sie wird es ganz gewiss hören. Es wird sie aufatmen lassen und es wird helfen, die Person wieder zurückzuholen. Es wird ihm oder ihr helfen, die spirituelle Kraft zu finden und den Lebenswillen wiederzuerlangen. Es wird der Person helfen, in ihren physischen Körper zurückzukehren und das Bewusstsein wiederzuerlangen.

Bitte tue dies jeden Tag so oft wie möglich, denn es ist sehr wichtig. Falls du Videos von der Hochzeit der Person oder von Geburtstagsfeiern hast, spiele sie in ihrem Zimmer. Lass sie ihre eigene Stimme oder ihr Lachen hören, oder vielleicht die Stimmen derer, die sie liebt. Ich crinncre mich, wie ich reagierte und wieviel Kraft es mir gab, als ich die Stimme meiner ältesten Tochter und ihr Lachen hörte; es war so spirituell emotional, und ich sagte zu mir selbst: „Ich werde nicht aufgeben. Ich werde nicht sterben. Ich werde leben und ich möchte bleiben und Zeit mit meinen Kindern verbringen." Auf den nächsten Seiten werde ich mehr darüber berichten.

11

Im Geiste zurück in Österreich

Als Nächstes wachte ich in einem Kinderzimmer auf, wo ich auf einem Stuhl saß, mit dem Gesicht zum Fernseher. Der Fernseher war eingeschaltet, aber es lief gerade kein Programm. Es schien schon Sendeschluss zu sein. Auf dem Bildschirm flimmerten nur noch die schwarzweißen Punkte. Ich sah auf die kleine Tischuhr in der Nähe des Fernsehers. Es war etwa ein Uhr morgens. Ich wusste nicht, wo ich war. Ich schaute mich im Zimmer um und merkte, dass ich in einem Kinderzimmer saß, denn in der rechten Ecke waren Etagenbetten.

Mein Verstand sagte mir, dass ich zurück in Wien war – aber wo in Wien? Ich war mir sicher, dass dies nicht das Zimmer meiner Kinder war, und auch nicht meine Wohnung. Der nächste Gedanke, der mir in den Sinn kam, versetzte mich in Panik: Wenn mich jemand, der hier wohnte, in diesem Zimmer sehen würde, zu dieser nächtlichen Zeit, so würde er mich wahrscheinlich für einen Einbrecher halten und die Polizei rufen. Also saß ich da und überlegte, wie ich flüchten könnte, ohne gesehen zu werden, aber ich war zu müde, um auch nur aufzustehen. Ich brauchte genug Energie, allein schon, um meine Füße zu heben. Plötzlich betrat ein kleiner, halbafrikanischer Junge das Zimmer, mit einem Nintendo-Spiel in der Hand.

Kaum dass ich ihn erblickt hatte, erkannte ich sein Gesicht. Es war derselbe kleine Junge, den ich im Leichenhaus in Afrika getroffen hatte. Wir waren gemeinsam durch das Fenster aus der Leichenhalle geflüchtet. Mit einem süßen Lächeln im Gesicht sagte er zu mir: „Onkel Mike, hab keine Angst. Du bist in meinem Zimmer." Er blickte zum Fernseher und sagte: „Oh! Es ist Sendeschluss." Er ging zum Fernseher, schaltete ihn aus und sagte: „Du kannst kommen und dich zu uns ins Wohnzimmer setzen. Meine Mutti bereitet gerade etwas ganz Leckeres zu." Und er ging zurück ins Wohnzimmer.

Ich sagte nichts zu ihm. Ich war zu müde, um auch nur ein einziges Wort zu formulieren; aber ich war immer sehr glücklich, wenn ich ihn sah. Immer, wenn ich Angst oder Panik fühlte, gab er mir Kraft und Hoffnung. Er war mein Schutzengel, und wir schienen eine so starke spirituelle Verbindung zueinander zu haben. Er wurde geschickt, um auf mich aufzupassen, wann immer ich in Gefahr war.

Es dauerte eine Weile, bis ich endlich aufstehen konnte. Langsam ging ich aus dem Zimmer und in das Wohnzimmer. Es war eine sehr hübsch eingerichtete Wohnung. Ich sah viele kostbare Gläser und Teekannen aus Porzellan. Ich sah große, alte, gerahmte Bilder an der Wand und viele verschiedene schöne Blumen, perfekt arrangiert in Blumentöpfen aus Porzellan. Rechts von mir sah ich den Jungen an einem Esstisch sitzen. Seine Mutter kam gerade aus der Küche, mit Tellern in der Hand, um Essen zu servieren. Sie stellte die Teller auf den Tisch und bereitete alles vor, als erwarte sie einen Gast. Ich wunderte mich sehr, dass sie mich nicht sah, obwohl ich direkt vor ihr stand. Aber der kleine Junge schaute mich an und lächelte. Als ich merkte, dass seine Mutter mich nicht sehen konnte, ging ich die Treppe hinunter, um den Ausgang zu finden.

Unten war ein weiteres, noch größeres Wohnzimmer. Ich sah den älteren Bruder des kleinen Jungen. Er war etwa sechzehn Jahre alt und hatte Studiokopfhörer auf und eine Gitarre in der Hand. Er schien gerade zu üben oder Gitarre zu lernen. Ich sah, dass ich an ihm vorbeigehen musste, um zur Ausgangstür zu gelangen, und so ging ich auf ihn zu und stand vor ihm, aber er reagierte nicht. Seine Augen waren offen, aber er sah mich nicht; er war nur damit beschäftigt, seine Gitarre zu spielen. Ein Stapel Vinylschallplatten mit Reggaemusik lag vor ihm auf dem Tisch. Hin und wieder wechselte er die Schallplatte und spielte dann weiter auf seiner Gitarre. Da ich Reggaemusik liebe, blieb ich eine Weile stehen, schaute ihm zu und hörte die verschiedenen Songs, die er spielte. Ich betrachtete seine Schallplatten und erkannte Bob Marley und „The Wailers". Ich sah Peter Touch, Jimmy Cliff und auch die „Musical Youth". Und ich sagte mir: „Alle Platten, die er hat, sind „Old School"-Reggae und es ist eine gute Idee, damit das Gitarrespielen zu lernen." Ich lächelte innerlich, und dann öffnete ich die Tür und ging hinaus.

12

Ich fiel in die Schatten des Todes

Ich erschrak, als ich sah, dass ich mich wieder auf einem Grundstück befand; die Ausgangstür führte mich direkt auf das benachbarte Grundstück. Ich drehte mich um und wollte zurück ins Haus. Dann sah ich drei Männer, die Masken trugen, wie die Schutzmasken von Arbeitern, die mit radioaktiven Chemikalien arbeiten. Sie schienen auf mich gewartet zu haben. Sie eilten auf mich zu, und einer von ihnen sagte: „Wir sind hier, um Ihnen zu helfen, denn es geht Ihnen nicht gut."

Mein Herz sagte mir: „Vertraue ihnen nicht! Sie sind von der dunklen Seite." Ich wollte ihnen erklären, dass es ein Irrtum war; dass sie mich zurück ins Gebäude gehen lassen sollten, aus dem ich gekommen war, und dass alles mit mir in Ordnung war. Aber bevor ich zu Ende gesprochen hatte, wurde mir von einem der Männer, der hinter mir stand, etwas in den Hals injiziert. Ich spürte, wie allmählich sämtliche Energie aus mir wich. Ich fiel zu Boden und brach zusammen.

Als ich aufwachte, war ich in einem etwa vierzehn Quadratmeter großen Zimmer, in dem es ein Bett und einen Tisch gab. Auf dem Tisch, der rechts von mir stand, war ein altes, schwarzes UKW-Radio – einer dieser Weltempfänger, die Übertragungssignale von überall auf der Welt empfangen können. Ich lag auf dem Bett, und meine beiden Hände waren bandagiert und an jeder Seite des Bettes festgebunden. In beiden Handinnenflächen hatte man kleine, aber sehr schwere Metallkugeln aus Stahl festgebunden, so dass es schwer für mich war, meine Hände zu bewegen; jede Kugel wog etwa zwei Kilogramm. Mein Hemd hatten sie mir ausgezogen und ich trug nur eine braune Khakihose. Mein Kopf war mit einem Sauerstoffschlauch, der bis in meine Nasenlöcher hinein führte, ans Bett gefesselt. Das Zimmer war höllisch heiß und ich schwitzte am ganzen Körper. Ich schaute hinauf auf die Wand über der Tür direkt vor mir, wo sich ein digitales Thermometer befand, das „plus 78 Grad" anzeigte.

Mein Herz sagte mir: „Sie haben absichtlich das Zimmer so eingeheizt, damit ich zu Tode schwitze."

Verglichen mit allem, was ich bis jetzt auf meiner Reise gesehen hatte, war nichts so beängstigend gewesen wie die Situation, in der ich mich jetzt befand. Mein Inneres sagte mir immer, was um mich herum passierte, wem ich vertrauen konnte und wann ich vorsichtig sein musste.

Die Tür zum Zimmer, in dem ich lag, war leicht geöffnet, so dass ich in ein anderes, größeres Zimmer hineinschauen konnte. Ich sah dort viele alte, kranke Menschen mit weißer Hautfarbe, die dort lagen, und mehrere Krankenschwestern gingen umher. Sie kontrollierten bei jedem den Tropf und den Sauerstoffschlauch, wie in einem ganz normalen Krankenhaus. Mich wunderte, dass alle Krankenschwestern von schwarzer Hautfarbe waren; in den zehn Jahren, seit ich in Österreich lebte, hatte ich noch nie in einem Krankenhaus eine schwarze Krankenschwester gesehen, geschweige denn, Dutzende von ihnen in ein- und demselben Krankenhaus. Die Krankenschwestern hatten langes, lockiges schwarzes Haar, so wie Europäer, und ihre dunkle Haut hatte eine schmutzig-braune Farbe, nicht wie normale braune Haut. Ich schaute zum Fenster und sah ein Polizei-Logo und verschiedene Abzeichen von hohen Regierungsrängen. Durch das Fenster sah ich draußen zwei hängende Flaggen; die eine war von der Polizei und die andere war eine Art Militärflagge. Und ich sagte mir: „Dies ist entweder ein geheimes Scheinkrankenhaus, in dem man Menschen tötet, um ihre Organe zu entnehmen und zu verkaufen, oder ein paar hohe Regierungsbeamte stecken heimlich dahinter."

Deshalb also hängten sie ihre Flaggen und ihr Logo überall hin, damit niemand hereinkommen konnte, um nachzusehen, was sie dort machten. Diese Gedanken ließen mich wachsam bleiben.

Inmitten der Schatten des Todes

Als ich durch die offene Tür ins andere Zimmer schaute, sah ich, wie Menschen auf ihren Betten kollabierten und starben. Die Krankenschwestern kamen und deckten sie mit einem dunkelblauen Tuch zu, und nach einer Weile kamen zwei Männer ins Zimmer, mit kleinen Holzkisten, schnitten die Körper der Verstorbenen auf und entnahmen ihnen Organe, wie z.B. das Herz, die Nieren und die Leber, die sie in die Kisten packten. Als sie fertig waren, fuhren sie mit einem blauen Ambulanzfahrzeug davon. Ich sah das Ambulanzfahrzeug durch das Fenster und fragte mich, warum ich, seit ich in Österreich lebe, noch nie ein blaues Ambulanzfahrzeug gesehen hatte. Anschließend holten die Krankenschwestern die sterblichen Überreste der Toten und warfen sie in einen brennenden Ofen, der in demselben Zimmer versteckt in die Wand hineingebaut war. Als ich dies sah, wurde mir umso klarer, dass ich mich inmitten der Schatten des Todes befand.

Da war dieses Geräusch, das ich alle zwanzig Minuten hörte. Es klang wie ein Alarmton von einem ihrer Computer. Sobald es ertönte, kam aus dem Schlauch, der in meine Nase mündete und normalerweise Sauerstoff abgab, plötzlich ein stinkendes, giftiges Gas. Jeder, der eine kleine Menge davon eingeatmet hatte, wurde schwächer und schwächer und hörte dann plötzlich auf zu atmen. Ich hatte das Glück, dass meine Nasenlöcher groß genug waren, so dass ich meine Nase von dem Schlauch entfernen konnte, indem ich den Kopf hin und her bewegte. Obwohl ich ans Bett gebunden war, gelang mir dies. Meine Nase blutete, aber das war mir egal. Ich sah viele Menschen, die auf ihren Betten starben, jedes Mal, wenn der Alarm ertönte. Die beiden Männer kamen jedes Mal mit ihren Holzkisten, schnitten schnell die Organe heraus und fuhren mit den Kisten davon, und die Überreste der Leichen wurden in den heißen Ofen geworfen. Wenn der Alarmton vorüber war, kam jedes Mal eine der Krankenschwestern in mein Zimmer, um zu sehen, ob ich noch atmete oder ob ich aufgegeben hatte. Ich schloss dann die Augen und tat so, als ob ich schlief. Dann prüfte sie meinen Puls und steckte den Sauerstoffschlauch wieder in meine Nasenlöcher.

Manchmal hörte ich aus dem Lautsprecher, der an der Wand hing, eine merkwürdige Stimme, die wie ein Roboter klang; sie klang so, als ob fünf Leute gleichzeitig sprechen würden. Ich dachte, sie machten es mit Absicht so, damit niemand jemals die Stimme erkennen konnte. Die Stimme sagte: „Wir bitten um Aufmerksamkeit! Wir brauchen eine gesunde Niere von einem jungen Mann, der etwa siebenundzwanzig Jahre alt sein sollte. Er sollte athletisch sein, mit Blutgruppe A positiv, und er sollte ein Konto bei der Ersten Bank haben."

Und ich sah, wie dasselbe blaue Ambulanzfahrzeug vom Gelände wegfuhr, um ein paar Minuten später mit einem jungen Mann zurückzukehren, auf den die Beschreibung genau passte. Ihm war schwindlig, und sie legten ihn auf ein Bett und befestigten den Sauerstoffschlauch an seiner Nase. Es war so klar für mich, was dort vor sich ging. So, wie sie mir etwas in den Hals injiziert hatten, wovon mir schwindlig wurde, bevor sie mich in dieses Zimmer brachten – genauso geschah es jetzt mit dem jungen Mann.

Ich hatte mein Handy in der Hosentasche, und ich hörte es klingeln. Ich konnte nicht danach greifen, da meine Hände ans Bett gebunden waren; auch hatte ich Angst, wenn sie merkten, dass ich ein Handy hatte, dass sie es mir wegnehmen würden. So hörte ich den leisen Klingelton meines Handys und spürte das Vibrieren in meiner Hosentasche. Ich hatte das Gefühl, dass es meine Frau war, die mich anrufen wollte. Der Gedanke, dass sie schon überall nach mir suchen würde, machte mich so traurig. Ich war noch in trauriger Stimmung, als ich plötzlich wieder den Alarmton hörte. Augenblicklich bewegte ich meine Nase vom Schlauch fort. Durch die offene Tür sah ich wieder, wie Menschen auf ihren Betten kollabierten, unter ihnen auch der junge Mann. Einige Männer mit OP-Mundschutz kamen herein; diesmal waren es drei Männer. Sie begannen wieder, die Menschen zu zerschneiden und ihnen die Organe zu entnehmen, die sie in die kleinen Holzkisten legten. Mir graute so sehr, dass ich auf meinem Bett zitterte und bebte. Als sie fertig waren, nahm einer der Männer allein sämtliche Kisten und ging weg, aber die anderen beiden blieben zurück und schauten in die Richtung meines Zimmers. Schnell täuschte ich vor, ich wäre tot, damit sie nicht merkten, dass ich sie beobachtet hatte. Im Innern wusste ich: wenn sie merkten, dass ich sie beobachtet hatte, würden sie mit Sicherheit dafür sorgen, dass ich diesen Ort nicht lebend verlassen würde.

Ich hörte, wie einer der beiden Männer die Krankenschwester fragte: „Was ist mit dem schwarzen Mann in dem Einzelzimmer?" Er zeigte in meine Richtung.

Die Krankenschwester antwortete: „Er ist so stur. Deshalb haben wir ihn in ein Einzelzimmer gelegt. Er will nicht sterben. Er nimmt immer wieder seine Nase vom Schlauch weg. Wir haben immer wieder nachgesehen und den Schlauch an seiner Nase befestigt. Er macht uns wirklich Probleme."

Während sie dies sagte, spürte ich, dass sie große Angst hatte. Ich sah, wie sie sich mehrmals vor dem Mann verneigte, während sie sprach, und ich dachte: Eine normale Krankenschwester in einem normalen Krankenhaus würde sich nicht verneigen, wenn sie mit einem Arzt spricht.

Dann sagte der andere Mann: „Könnten Sie jetzt nochmal nachschauen, ob er noch atmet, damit wir fertig werden und gehen können?"

Ich hielt einen kleinen Winkel meines linken Auges offen, so dass ich sie gut sehen konnte. Die Krankenschwester kam in mein Zimmer, und als sie ihre Hände ausstreckte, um mich anzufassen, öffnete ich ganz weit die Augen, um ihr zu zeigen, dass ich noch nicht tot war. Augenblicklich wandte sie erschrocken ihr Gesicht ab, bedeckte ihr Gesicht mit beiden Händen und ging schnell aus dem Zimmer.

Ich fragte mich: Warum war sie so erschrocken darüber, dass ich noch lebte, und warum verbarg sie ihr Gesicht vor mir, wenn sie wirklich eine Krankenschwester war?

Sie ging zurück zu den Männern und sagte ihnen, dass ich noch lebte und wach war. Sofort versuchte ich mit aller Kraft, meinen Kopf hochzuhalten, damit jeder schon von weitem sehen konnte, dass ich lebte und wach war, denn offenbar vermieden sie es, mein Zimmer zu betreten, weil sie nicht wollten, dass ich ihre Gesichter sah. Ich beobachtete die beiden Männer; sie standen im anderen Zimmer und sahen zu mir herüber. Da sie OP-Mundschutz trugen, konnte ich nur ihre Augen sehen. Nach einer Weile beschlossen sie, hinauszugehen, damit ich denken sollte, sie wären fort; aber sie wussten nicht, dass ich immer noch ihre Schatten sehen konnte, da sie sich hinter der Glastür versteckt hielten. Manchmal lugten sie durch die Tür, um zu sehen, ob ich noch wach war, ohne zu merken, dass ich sie beobachtete.

Die Liebe zu meinen Kindern gab mir die Kraft, um mein Leben zu kämpfen

Während dies alles geschah, hörte ich plötzlich meine älteste Tochter Tara lachen. Ihre Stimme kam aus dem alten UKW-Radio, das auf dem Tisch in meinem Zimmer stand. Es hörte sich an, als spielte sie mit anderen Kindern in einem Garten. Plötzlich fühlte ich eine große Sehnsucht nach meinen Kindern; wie sehr ich sie liebte und sie vermisste. Ich wusste, dass sie mich nicht hören konnte, wenn ich ihren Namen rief; aber ich hörte ihr Lachen so klar und deutlich aus dem Radio. Ihre Stimme gab mir so viel Kraft und Mut, zu kämpfen, um am Leben zu bleiben.

Ich sagte mir: „Egal, was hier passiert – ich werde nicht aufgeben. Ich werde nicht sterben. Ich möchte leben, für meine Kinder. Ich möchte noch Zeit mit ihnen verbringen."

Während mir diese Gedanken durch den Kopf gingen, bemerkte ich, dass das Zimmer sehr heiß geworden war – heißer als die Hölle; ich schwitzte fürchterlich. Ich schaute auf das digitale Thermometer und las: „17.000 Grad." Bei dieser hohen Temperatur hätte wohl jeder schnell aufgegeben, aber ich war entschlossen, am Leben zu bleiben. Ich weiß nicht, wie ich es überlebte, aber mein Geist war so stark, und Gott war bei mir. Ich bekam keine Luft mehr und so schloss ich die Augen und versuchte, den Atem anzuhalten, um etwas Luft in den Lungen zurückzuhalten, wie man es beim Tauchen macht. Ich dachte im Innern, dass sie sich vielleicht für eine andere Methode entschieden hatten, um mich schneller zu töten, da ich mich geweigert hatte, dem giftigen Gas zu erliegen.

Als ich die Augen öffnete, sah ich, dass eine der Krankenschwestern hereingekommen war und mein Bett aus dem Zimmer schob. Ich dachte, dass endlich jemand gekommen war, um mich zu retten und aus dem heißen Zimmer herauszubringen. Sie schob mich in das größere Zimmer und anschließend nach links. Dort befand sich eine Tür, die zum Ausgang des Gebäudes führte. Sie hatte ein Problem damit, mein großes Bett durch die Tür zu schieben und ich fragte mich, weshalb ihr niemand zu Hilfe kam, denn die anderen Schwestern waren da und schauten ihr zu. Dann fiel mir ein, dass ich, wenn sie hinzugekommen wären, ihre Gesichter hätte sehen können, und dies war ihnen offenbar nicht erlaubt. Irgendwie gelang es ihr schließlich, mein Bett durch die Tür hinaus ins Freie zu schieben. Dann sah ich, dass es nur ein kleines Grundstück war, etwa hundert Quadratmeter groß; auf der rechten und auf der linken Seite waren rote Eisentore. In der Nähe des rechten Tores stand ein Wassertank aus Kunststoff. Ich befand mich nahe am linken Tor und ich hörte, wie Leute vorbeigingen. Es schien etwa neun Uhr morgens zu sein. Ich konnte die Geräusche von den Leuten dort draußen hören, und von Autos, Taxis, Fahrrädern, sogar der Straßenbahn. Mein Innerstes sagte mir, dass ich mich irgendwo im zwanzigsten Bezirk von Wien befand. Das Gebäude stand mitten in einem belebten Stadtgebiet von Wien, aber die Leute würden nie erfahren, was sich hinter den Mauern abspielte. Vor mir befand sich ein weiteres weißes Gebäude mit großen Eisentüren, das aussah wie eine Werkstatthalle oder Lagerhalle.

Die Halle des Horrors

Die Krankenschwester sprach in eine Sprechanlage, die neben der Eisentür hing. Nach wenigen Sekunden öffnete sich die Tür und sie schob mich hinein. Drinnen befand sich eine große Halle mit verschiedenen schweren Ketten, die von der Decke herabhingen. Kennst du das Gefühl, das man hat, wenn man einen Schlachthof betritt, wo Kühe und Schweine geschlachtet werden? Aber dies war ein Ort, an dem Menschen geschlachtet wurden. Ich sah Kettensägen, Kreissägen, große Hammer und Meißel. Menschen hingen aufrecht an ihren Betten, wie wenn jemand am Kreuz hängen würde, und alle – sowohl Männer als auch Frauen – waren nackt. Über der Halle waren viele verschiedene Zimmer, die um die Halle herum angeordnet waren, und nur eine Wendeltreppe führte von den Zimmern in die Halle. Ich sah Männer in weißer Kleidung, die wir Ärzte aussahen, und dunkelhäutige Männer, die wie die Krankenschwestern aussahen. Sie hatten dunkles, gelocktes Haar und trugen dunkelblaue T-Shirts, in derselben Farbe wie die Ambulanz. Sie zogen mich aus und stellten mein Bett auf einen Haken, der sich im Fußboden befand. Einer der Männer drückte auf einen Schalter und mein Bett wurde hochgezogen, so dass ich wie an einem Kreuz hing, ebenso wie die anderen nackten Menschen. Ich sah, dass einige der Menschen noch am Leben waren; fünf von ihnen waren alte Männer mit weißer Hautfarbe und zwei von ihnen waren Frauen, zwischen fünfzig und sechzig Jahre alt. Ich war der einzige junge Mann mit schwarzer Hautfarbe. Ich hörte, wie einige der Männer etwas murmelten, konnte es aber nicht verstehen. Die anderen stöhnten vor Schmerzen, aber ich verspürte keine Angst. Ich sagte mir: *Ich werde nicht sterben, egal, was passiert. Und selbst wenn ich sterbe, dann werde ich zurück in den Himmel gehen und zu Gott und zu meiner Mutter sagen, dass ich es nicht geschafft habe, zurück zur Erde zu kommen.* Aber der Lebenswille in mir war so stark.

Ich hörte, wie einer der nackten Männer einen der in Weiß geklei-
deten Männer fragte, was sie mit uns vorhatten; sie sprachen
Deutsch.

Der Mann, der wie ein Arzt aussah, antwortete ihm: „Wir werden
Sie alle für fünf Minuten unter eine eiskalte Dusche stellen. Das
ist ein neues Verfahren, um alle verstopften Venen im Körper zu
heilen oder zu öffnen, damit das Blut wieder gut zirkulieren kann."

Ich wusste, dass ich keine Probleme mit meinen Venen hatte. Warum also hatten sie mich zunächst auf plus 17.000 Grad erhitzt und
dann anschließend hierher gebracht, um mich mit minus vierzig
Grad kaltem Wasser zu duschen? Wisst ihr, was passiert, wenn
man ein Glas erhitzt und sofort danach in den Gefrierschrank
stellt? Das Glas explodiert. Und genau das hatten sie mit mir vor!
Ich sagte mir im Innern, was für ein Lügner er war und dass ich
nicht aufgeben und nicht sterben würde. Dann wurde es kalt in der
Halle und die Männer gingen alle hinaus und schlossen die Eisentür hinter sich. Ich schaute zur Decke und sah eine riesige Eisma-
schine, die aussah wie eine Klimaanlage. Plötzlich stürzte ein
Schauer von eiskaltem Wasser, gemischt mit kleinen Eisblöcken,
auf unsere nackten Körper. Könnt ihr euch vorstellen, ihr wäret
völlig nackt und Kübel voller Eis würden nonstop fünf Minuten
lang auf euch niederprasseln? Genauso fühlte ich mich.

Ich schloss die Augen und versuchte, während der Prozedur nicht
das Bewusstsein zu verlieren. Als es vorüber war, öffnete sich die
Eisentür und die Männer kamen wieder herein. Sie gingen von Bett
zu Bett, um zu sehen, wer ihr Experiment überlebt haben könnte.
Ich konnte sehen, dass ich der Einzige war, der überlebt hatte; die
sieben anderen waren alle erfroren. Ich sah, wie sie ihre Körper

nacheinander abnahmen und sie dann in Stücke schnitten und die Organe herausnahmen. Sie bluteten nicht, da sie gefroren waren. Als einer der Männer in Weiß zu mir kam, sah ich, dass er einen Zettel und einen Stift in der Hand hatte, um die Ergebnisse aufzuschreiben. Er schaute zu mir, tastete meinen Bauch und meine Rippen ab und sagte dann zu den anderen auf Deutsch: „Dieser schwarze Mann ist sehr stark. Er hat als Einziger überlebt, und er hat sich nicht einmal eine Rippe gebrochen."

Alle waren sehr erstaunt, und ich denke, sie wussten nicht, dass ich alles, was sie sagten, verstand.

13

Ich sah den Teufel in Form einer hässlichen Meerjungfrau

Dann forderte er die anderen auf, mich herunterzuholen und in mein Zimmer zurückzubringen. Aber noch bevor sie dies tun konnten, schallte ein lautes Kreischen durch die ganze Halle, das von einer merkwürdig klingenden weiblichen Stimme herrührte. Es klang wie zwanzig verschiedene, gruselige Stimmen, die alle gleichzeitig in verschiedenen Tonarten kreischten. Es war einer der furchterregendsten Momente meines Lebens. Allein diese Stimme würde ausreichen, um einen Menschen zu lähmen, so dass er nicht mehr imstande wäre, zu flüchten.

Ich sah, wie alle Männer niederknieten, mit dem Gesicht zu einem der Zimmer, das sich zwischen den vielen anderen Zimmern dieser Halle befand. Ich hing noch immer an meinem Bett und konnte beobachten, was als Nächstes geschah. Die Tür des Zimmers öffnete sich langsam und eine sehr ungewöhnliche Kreatur kam langsam aus dem Zimmer heraus. Sie war ein Mischwesen, eine alte, hässliche, kleine Meerjungfrau. Von der Hüfte abwärts war sie eine Meerjungfrau; und von der Hüfte aufwärts sah sie aus wie eine alte, hässliche Frau. Sie hatte kurzes, krauses Haar und vier lange Arme. Noch schrecklicher war, wie ihre Haut aussah und wie sie roch. Sie hatte eine Haut wie ein mumifiziertes Krokodil, die sich abpellte. Es war der furchtbarste Anblick, den ich in meinem ganzen Leben gesehen hatte.

Wie sie es schaffte, die Stufen herunterzukommen, wusste ich nicht; aber irgendwie gelang es ihr. Ich kann mich nur erinnern, dass sie wie ein Pinguin watschelte und dabei von einer Seite auf die andere schaukelte; ihre Beine waren wie der Schwanz eines Fisches. Ich erkannte, dass die schreckliche weibliche Monsterstimme tatsächlich von ihr gekommen war, denn nun stand sie vor den Männern und sprach.

Ihre Sprache verstand ich nicht, aber es schien, dass sie den Männern Anweisungen gab. Die Männer konnten ihr nicht einmal in die Augen sehen; sie waren auf den Knien und schauten nach unten, während sie sprach. Ich hing noch immer am Bett und beobachtete alles. Mein Inneres sagte mir, dass sie der Teufel in Person war; dass sie dort nicht nur menschliche Organe sammelten, sondern diesem Ungeheuer auch die Seelen der Verstorbenen opferten. Denen, die es nicht schafften zu überleben, wurden die Organe entnommen und ihre Leichen wurden verbrannt; aber ihre Seelen wurden automatisch dieser Meerjungfrau geopfert, die nicht einmal beeindruckt zu sein schien von den vielen Seelen, die ihr geopfert wurden.

Während sie noch sprach, hatte sie eine furchterregende Energie und einen scheußlichen Geruch, dass einem der Atem stockte. Ich musste nach Luft ringen. Sie stank wie eine Million verbrannte Leichen; ich kann es eigentlich nicht in Worte fassen. Ja, sie stank wie die Hölle, denn ich bin mir sicher, dass sie von dort gekommen war. Als sie zu Ende gesprochen hatte, begab sie sich zurück in das Zimmer, aus dem sie gekommen war, und die Tür schloss sich langsam hinter ihr. Die Männer standen auf, und einer von denen, die ein blaues T-Shirt trugen, holte mein Bett herunter, schob mich aus der Halle und ließ mich in der Nähe des Tores zwischen den beiden Gebäuden stehen.

Der sengenden Sonne ausgeliefert

Man ließ mich draußen in der Sonne stehen, immer noch nackt und an mein Bett gebunden, zwischen den beiden Gebäuden, und so lag ich dort von 11 bis 18 Uhr. Die Sonne schien den ganzen Tag sehr stark und verbrannte meine Haut. Ich weinte wie ein Baby, und Speichel sabberte aus meinem Mund und rann über meine Brust. Ich war voller Schmerz, aber manchmal hörte ich die Stimmen von Kindern, die spielten und lachten. Ich erkannte darunter auch die Stimmen meiner eigenen Kinder. In diesem Moment fasste ich Mut, um weiterzukämpfen und nicht aufzugeben. Es war ein großer Kampf im Geiste, denn ich wusste, wenn ich hier auf diesem Bett aufgeben würde, dann würde ich es nicht zurück ins Leben schaffen. Um physisch zu sterben, muss man zuerst im Geiste gegangen sein.

Endlich ging die Sonne allmählich unter. Gegen sieben Uhr kam eine sehr ungewöhnliche Krankenschwester an mein Bett. Es war das erste Mal, dass eine Krankenschwester mir erlaubte, ihr Gesicht zu sehen. Sie war ein hellhäutiges Mädchen und sie hatte viele teuflische Tattoos am ganzen Körper, auch in ihrem Gesicht. Sie trug diese besondere Art von großen, schwarzen Ohrringen, die große Löcher in die Ohren machten. Sie hatte viele Piercings an ihrer Lippe und ihren Augenbrauen. Sie schien etwa zwischen zwanzig und vierundzwanzig Jahre alt zu sein und sie sah böse und unfreundlich aus. Ich fragte mich, welches Krankenhaus auf der Welt so jemanden als Krankenschwester einstellen würde und welcher Patient so jemandem erlauben würde, ihn zu pflegen. Sofort, als ich sie sah, wusste ich, dass man ihr nicht vertrauen konnte. Aber dennoch fasste ich den Mut, sie um einen Gefallen zu bitten.

Ich sagte zu ihr: „Schwester! Ich liege hier schon seit heute Morgen und keiner ist gekommen und hat sich um mich gekümmert. Bitte, können Sie eine Ambulanz rufen, damit sie mich in ein anderes Krankenhaus bringen? Sie sollen mich zum Krankenhaus Rudolfstiftung bringen, denn dahin gehe ich normalerweise, wenn ich krank bin, und alle meine Patientenakten sind dort."

Sie schaute mich einige Sekunden lang an. Ich sah die unbändige Wut in ihren Augen, und dann sagte sie: „Hey, du N----r! Was zur Hölle glaubst du, wer du bist? Was glaubst du, wer du bist, dass du so 'was Idiotisches verlangst? Du wirst hier sterben und zur Hölle gehen!"

Sie ging wieder hinein und schloss die Tür.

Ich dachte bei mir: *Noch ein Dämon ist sauer auf mich, weil ich nicht sterben will und weil ich ihnen die Arbeit so schwer mache.*

Eine Stunde später, gegen acht Uhr, sah ich, wie eine andere Krankenschwester durch das Tor rechts von mir ins Gebäude hineinging. Sie sah verantwortungsbewusster und freundlicher aus, und sie war auch in den Zwanzigern. Sie ging hinein, um ihre Tasche abzustellen, und kam dann zu mir; sie sah mehr wie eine echte Krankenschwester aus.

Ich sagte zu ihr: „Bitte, Schwester! Ich liege hier seit heute Morgen und ich leide. Keiner ist gekommen und hat sich um mich gekümmert. Bitte, können Sie eine Ambulanz rufen, die mich zum Krankenhaus Rudolfstiftung bringt? Ich will nicht hier sterben, bitte!"

Sie sah mich etwas mitleidig an und sagte: „Es tut mir so leid, Mister! Ich hätte Ihnen liebend gern geholfen, aber es ist uns nicht erlaubt zu telefonieren, und alles, was wir hier machen, wird mit Kameras aufgenommen. Ich würde meinen Job verlieren.“

Ich sagte zu ihr: „Sie können mein Handy benutzen. Es ist in meiner Hosentasche. Keiner wird etwas bemerken. Bitte!“

Sie sagte, diesmal etwas leiser: „Es ist trotzdem nicht erlaubt und ich könnte mit Kameras aufgenommen werden, wenn ist es tun würde.“

Natürlich wollte ich nicht, dass sie ihren Job verlieren würde. Dass sie so freundlich zu mir war, tat mir gut und ich wollte sie nicht weiter belästigen. Sie ging ins Zimmer. Fünf Minuten später kam sie mit einer Decke zurück und deckte mich zu. Ich war so dankbar und musste lächeln, denn zum ersten Mal, seit ich mich an diesem seltsamen Ort befand, war jemand freundlich zu mir.

Ich nehme an, es ging ihr sehr ans Herz, dass ich trotz all der schrecklichen Erlebnisse immer noch ein Lächeln im Gesicht haben konnte. Sie tat so, als wolle sie meinen Hals auf das Kissen drücken, aber gleichzeitig fasste sie mit ihrer Hand in meine Hosentasche und holte mein Handy hervor. Sie verbarg sich hinter meinem Bett und rief die Ambulanz an.

Ich hörte, wie sie mit leiser Stimme sprach. „Bitte, hier ist ein Notfall! Ein schwarzer Mann liegt hier schon seit dem Vormittag. Sein Zustand sieht nicht gut aus und er möchte ins Krankenhaus Rudolfstiftung verlegt werden. Bitte kommen Sie schnell!“

Aber noch bevor sie das Handy ausgeschaltet hatte, kam die schreckliche Krankenschwester mit den Tattoos und sah sie. Sie schaute sie ein paar Sekunden zornig an und ging dann wieder ins Gebäude. Die nette Schwester war in Panik. Sie steckte das Handy zurück in meine Hosentasche. Ich wollte mich bei ihr bedanken, aber sie gab mir ein Zeichen, dass ich still sein sollte. Dann sagte sie: „Ich wünsche Ihnen viel Glück" und ging hinein.

Ein paar Minuten später hörte ich, wie Leute im Gebäude laut schimpften. Ich sah, wie sie ihre Tasche hinauswarfen, und dann kam sie heraus. Sie war in Tränen aufgelöst. Sie nahm ihre Tasche, öffnete das Tor und ging nach Hause. Ich fühlte in meinem Herzen so viel Mitleid mit ihr. Ich fühlte mich schuldig, dass sie meinetwegen ihren Job verloren hatte.

Zehn Minuten später kam die Ambulanz und stand draußen vor dem Tor, in dessen Nähe ich mich befand. Sie drückten auf die Klingel und warteten, bis jemand ihnen das Tor öffnete. Von meinem Bett aus sah ich das Blaulicht, aber ich konnte weder aufstehen noch rufen, da ich ans Bett gebunden war und mich sehr schwach fühlte.

Die Krankenschwester mit den Tattoos kam heraus, ging zur Sprechanlage am Tor und sagte ihnen, sie sollten zum anderen Tor fahren. Sie sagte ihnen, die Patientin, die sie abholen sollten, liege bereits am anderen Tor und sie sollten dorthin fahren. Sie ließ die Sprechanlage los und ging wieder hinein, aber während sie an meinem Bett vorbeikam, streckte sie boshaft ihre gepiercte Zunge nach mir aus. Ich konnte sehen, wie die Ambulanz zum anderen Tor fuhr, das etwas weiter von mir entfernt war, wo sie eine alte Frau im Rollstuhl in ihr Fahrzeug schoben und mit ihr davonfuhren.

Ich war erschüttert über die Arroganz der Krankenschwester und darüber, dass die andere, freundliche Schwester wegen mir ihren Job verloren hatte. Jetzt hatte die Ambulanz die falsche Person mitgenommen, und ich war immer noch da, ohne Hoffnung auf eine Flucht. Wenn ich versuchen würde, aufzustehen oder eine Bewegung zu machen, so würde der Alarm ausgelöst werden. Selbst wenn ich auch nur versuchte, meine Finger zu bewegen, ertönte sofort das Alarmsignal. Und dann waren da immer die Männer in blauen T-Shirts, die ständig kamen und nachschauten, ob ich noch dort lag.

14

Und wieder rettete mich mein Schutzengel

Während ich noch überlegte, was ich als Nächstes tun konnte, öffnete sich die Eisentür zur Halle, die sich vor mir befand, einen Spalt breit und ich sah einen kleinen Jungen, der in einer Ecke der Halle spielte. Er hatte ein kleines Spielzeugauto in der rechten und ein Nintendo-Spiel in der linken Hand. Er spielte mit dem Auto auf dem Fußboden.

Ich sah ihn genau an und erkannte, dass es derselbe Junge war, den ich im Leichenhaus in Afrika getroffen hatte. Es war derselbe Junge, den ich in seinem Zimmer gesehen hatte und der mich zum Essen eingeladen hatte; derselbe Junge, der immer erschien, wenn ich in Gefahr war. Ich flüsterte ihm zu. Ich konnte nicht mit den Händen ein Zeichen geben, da ich ans Bett gebunden war, aber ich versuchte, so gut ich konnte, ein Geräusch zu machen, bis er in meine Richtung schaute. Dann machte ich ihm mit den Fingern ein Zeichen, dass er doch zu mir kommen möge.

Als er mich erkannte, stand er auf, kam zu mir und sagte: "Onkel Mike! Was machst du hier?"

Ich erzählte ihm alles, was mir passiert war und wie sie versucht hatten, mich zu töten.

Er war sehr erschüttert über meine Geschichte, und dann sagte er: "Meine Mutti ist auch Ärztin hier, aber sie ist zuhause. Ich gehe jetzt nach Hause und sage ihr, dass ein Freund von mir ihre Hilfe braucht. Onkel Mike! Hab keine Angst. Alles wird gut."

Er drehte sich um und spielte wieder mit seinen Spielzeugen, aber er ging nicht in dieselbe Richtung, aus der er gekommen war; er nahm einen anderen Weg und ging hinaus. Keine zehn Minuten, nachdem er gegangen war, kamen zwei junge, freundliche Teenager zu mir, ein Junge und ein Mädchen, etwa fünfzehn Jahre alt. Beide hatten MP3-Player mit Kopfhörern, und sie trugen keine Uniform wie die anderen Schwestern; sie waren in Zivilkleidung. Sie sagten mir, man habe sie geschickt, damit sie sich um mich kümmern sollten, und sie würden noch lernen, aber ich solle keine Angst haben.

Ich erzählte ihnen alles, was mir passiert war. Der Junge sagte: "Achten Sie nicht auf sie. Wir sind jetzt hier, um auf Sie aufzupassen. Alles ist in Ordnung."

Sie fragten mich, ob ich ein Bad genommen hätte, und ich verneinte. Dann nahmen sie meine Decke ab und wuschen meinen Körper mit einem nassen, warmen Handtuch. Als sie versuchten, mich umzudrehen, verspürte ich starke Schmerzen in meiner Hüfte. Ich weinte wie ein Baby. Sie rieben meinen Rücken und meine Beine mit einer Minzcreme aus Kräutern ein. Dies wirkte beruhigend auf meinen ganzen Körper und meinen Geist, und ich fühlte mich wie neu geboren. Sie fragten mich, ob sie mich in ein Privatzimmer bringen sollten, und sagten mir, morgen früh würden sie persönlich die Ambulanz rufen, damit man mich in die Rudolfstiftung bringen würde.

Ich erzählte ihnen von der seltsamen Meerjungfrau, die sich in einem der oben gelegenen Zimmer befände, und sie sagten, ich solle mir keine Sorgen machen; sie würden bis zum nächsten Tag bei mir bleiben. Sie nahmen mir die Bandage und die Fesseln an den Händen ab und entfernten auch die Metallkugeln von meinen Handflächen. Dann brachten sie mich in eines der Zimmer in der Halle und ließen meine Tür weit offen. Der Junge drückte einen winzig kleinen Schalter in meine Hände und sagte zu mir: "Falls irgendjemand, sei es eine Krankenschwester oder ein Arzt, in dieses Zimmer kommt, dem oder der Sie nicht vertrauen, dann drücken Sie auf diesen Knopf. Dann klingelt es in meinem Kopfhörer und ich werde kommen und nach Ihnen sehen. Ich sitze draußen vor Ihrer Tür und höre Musik, aber ich bin ganz in Ihrer Nähe. Also versuchen Sie, sich zu entspannen und zu schlafen." Er ging hinaus und setzte sich vor meine Tür. Manchmal drehte er sich zu mir um und machte mir ein Zeichen, um zu fragen, ob alles okay sei, und ich nickte und gab ihm zu verstehen, dass alles in Ordnung war. Ich schloss die Augen und versuchte, mich zu entspannen. Und ich war so müde, dass ich sofort einschlief.

Ich traf Christopher, meinen Physiotherapeuten, im Geiste, bevor ich aufwachte

Als ich am nächsten Tag aufwachte, befand ich mich an einem anderen Ort, der aussah wie ein kleiner Sanitätsraum. Ich lag auf einem orthopädischen Stuhl, der zu einer Liege aufgeklappt werden konnte. Meine Beine waren bandagiert, von der Hüfte bis zu den Füßen. Das Zimmer sah aus wie ein Wartezimmer. Ich sah, wie Leute hereinkamen und hinausgingen. Einige nahmen den Aufzug, der sich vor mir befand. Ich verstand nicht, was los war, aber ich fühlte mich so viel besser als am Tag zuvor. Ich hatte das Gefühl, dass jemand sehr gut an meiner Hüfte gearbeitet hatte, denn ich fühlte keine Schmerzen mehr. Zu meiner Rechten befand sich ein großes Fenster, durch das ich hindurchschauen konnte. Ich sah, dass sich draußen eine U-Bahn-Station befand; es war die lebhafte U-Bahnstation Westbahnhof der U6. Ich sah die Leute eilig ein- und aussteigen. Ich dachte bei mir, dass ich hier vielleicht in einem Sanitätsraum wäre, in dem Leute, die sich in der U-Bahn verletzt haben, Erste Hilfe bekommen, um dann anschließend in ein Krankenhaus transportiert zu werden.

Aber wer hatte mich hierher gebracht? Das war meine Frage. Ich hatte keine Ahnung, aber mir fiel auf, dass ich die seltsamen Krankenschwestern nicht mehr sah, und keine Schwestern mit Tattoos oder Piercings. Und auch nicht die Männer in blauen T-Shirts; und ich hatte keine Angst mehr, denn alle hier sahen normal aus.

Ein Mann kam auf mich zu und stellte sich als Christopher vor. Er war Physiotherapeut. Er war derjenige, der mir die Füße massiert hatte, als ich noch schlief. Ich fragte ihn nach dem Jungen und dem Mädchen, die sich in der Nacht zuvor um mich gekümmert hatten, und er sagte, er habe keinen von ihnen getroffen.

Er hatte ein Paar orthopädische Spezialschuhe in der Hand und sagte: "Ich bin gekommen, um Ihnen diese Schuhe anzupassen und zu sehen, ob sie passen. Mit diesen Schuhen können Sie wieder stehen und laufen." Dann zog er mir die Schuhe an, und sie passten perfekt. "Und nun setzen Sie beide Füße langsam auf den Boden. Ich stelle mich hinter Sie und halte Sie, falls Sie fallen sollten."

Ich setzte meine Füße auf den Boden und stand langsam auf. Er hielt mich von hinten fest und ich machte den ersten Schritt und dann den zweiten, und dann den dritten. Er war so glücklich, und ich war auch glücklich. Wir gingen einige Minuten lang im Zimmer umher. Einige Schwestern und Reinigungskräfte sahen uns und waren ganz überrascht. Christopher sah, dass alles sehr gut verlief, und beschloss, wir sollten draußen einen Spaziergang machen, in der Nähe der U-Bahn-Station. Wir nahmen den Aufzug und gingen hinaus auf die Straße, und ich sah, dass es tatsächlich am Westbahnhof war und dass wir in die Richtung der Mariahilferstraße gingen. Ich ging in dem kleinen Garten dort in der Mitte des Westbahnhofs. Ich war glücklich, aber plötzlich merkte ich, dass Christopher nicht antwortete, wenn ich mit ihm sprach. Also blieb ich stehen und drehte mich um, um zu sehen, ob er noch da war. Ich sah ihn in einigen Metern Entfernung und er lachte mir zu.

Ich war sehr überrascht und sagte zu ihm: "Wann haben Sie aufgehört, mich festzuhalten?"

Und er antwortete: "Seit wir in den Garten gekommen sind, gehen Sie ganz allein."

Ich war so froh und dankte ihm so sehr für seine Hilfe und seine Freundlichkeit. Ich fragte ihn, ob ich einen Bummel durch die Mariahilferstraße machen dürfte, und er war einverstanden und sagte mir, ich solle zurückkommen, sobald ich genug hätte. Und so ging ich allein durch diese lebhafte Einkaufsstraße, die Mariahilferstraße. Die Leute gingen an mir vorbei, und alles erschien mir so real und normal. Es war das erste Mal, dass ich mich wieder frei fühlte nach all den Qualen, die ich an diesem seltsamen Ort, der wie ein Krankenhaus aussah, durchgemacht hatte. Ich ging in mein Lieblings-C&A-Geschäft in der Zieglergasse, um zu sehen, ob sie ein paar Sonderangebote hatten.

Ich sehnte mich so sehr nach Hause, nach meiner Familie

Ich ging durch das Geschäft und schaute nach Jeans und Jacken, und ich probierte sogar ein paar davon an. Dann fand ich mich in der U-Bahn-Station wieder, aber diesmal an der U3 „Zeigler-gasse", wo ich auf einen Zug in Richtung nach Hause wartete. Es war eine lange Reise gewesen und ich vermisste meine Frau und meine Kinder so sehr. Ich sehnte mich so sehr danach, nach Hause zu gehen, zu meiner Familie. Doch nach einigen Minuten, während ich auf den Zug wartete, fühlte ich mich plötzlich sehr müde und schläfrig. Ich setzte mich auf den nächsten Sitzplatz und schlief sofort ein.

Um ehrlich zu sein, weiß ich nicht genau, wie lange ich schlief, bis mir eine Hand auf die Schulter tippte und ich aufwachte. Ich blickte auf und sah, dass es eine der Krankenschwestern war, die gesehen hatte, wie ich mit Christopher trainiert hatte. Sie hatte gerade ihre Schicht beendet und wollte im Supermarkt dort in der Nähe etwas kaufen. Sie sagte zu mir auf Deutsch: "Herr Igbo-anugo, was machen Sie hier?"

Und ich antwortete: "Ich warte auf den Zug. Ich möchte nach Hause fahren."

Und sie sagte: "Aber Sie haben geschlafen, und der Zug ist schon mehrmals gekommen und wieder abgefahren. Bitte versuchen Sie doch, wach zu bleiben, damit Sie den nächsten Zug nicht verpassen." Also versprach ich ihr, wach zu bleiben, um den nächsten Zug nicht zu verpassen. Sie wünschte mir viel Glück und ging fort, aber noch bevor der nächste Zug einfuhr, war ich wieder eingeschlafen.

Und wieder tippte mir eine Hand auf die Schulter und weckte mich. Ich blickte auf und sah, dass es wieder dieselbe Kranken-schwester war, mit Einkaufstüten in beiden Händen, und sie sagte:

"Herr Igboanugo! Sie sind immer noch hier? Sie sind schon wieder eingeschlafen?"

Und ich sagte zu ihr: "Es hat so lange gedauert, bis der Zug kam, und da bin ich wieder eingeschlafen. Es tut mir so leid."

Sie antwortete: "Der letzte Zug ist gerade abgefahren. Sie haben keine andere Wahl, als zurück zum Krankenhaus zu gehen. Kommen Sie mit, ich bringe Sie hin." Sie reichte mir die Hand und half mir, aufzustehen. In dem Augenblick, als ich ihre Hand berührte, fand ich mich selbst auf derselben orthopädischen Liege wieder, auf der ich zuvor gelegen hatte, in genau derselben Position und in demselben Zimmer.

15

Zurück ins Leben

Es war schon spät und ich lag allein im Zimmer. Ich konnte nicht schlafen, da ich mir Sorgen machte und Angst hatte, sobald ich einschliefe, könnte wieder jemand kommen und mich an einen anderen Ort bringen, an dem ich nicht sein wollte. Ich wollte nicht noch einmal diesen Terror erleben; daher versuchte ich mit aller Kraft, bis zum Morgen wach zu bleiben. Gegen zwei Uhr morgens kam eine Schwester herein, um nach mir zu sehen, und ich bat sie, mein Handy zu nehmen und meine Frau anzurufen, um ihr zu sagen, wo ich war. Ich machte mir Sorgen, meine Frau könnte schon nach mir gesucht und mich womöglich als vermisst gemeldet haben. Die Schwester sagte mir, dass es zu spät sei, um noch jemanden anzurufen, und ich solle bis zum Morgen warten.

Ich wollte so unbedingt, dass meine Frau wissen sollte, wo ich mich befand. Dies würde mir ein Gefühl der Sicherheit geben, dass es, falls mir in dieser Nacht etwas passieren sollte, mindestens einen Menschen gab, der fragen würde, wo ich mich befand – und das war meine Frau. Ich flehte die Schwester an, meiner Frau zumindest eine SMS zu schicken, damit sie am nächsten Morgen nach dem Aufwachen den Text lesen und kommen würde, um mich abzuholen. Ich sagte der Schwester, dass ich nicht einschlafen könne, bevor sie dies für mich getan hätte. Als die Schwester sah, dass ich nicht aufgeben wollte, entschuldigte sie sich und ging hinaus. Ein paar Minuten später kam sie zusammen mit einer anderen Schwester zurück, die einen Scanner in der linken Hand hatte, wie er in Supermärkten für die Registrierung von Produktcodes oder für die Inventur benutzt wird.

Mit einem schelmischen Lächeln sagte sie zu mir: "Wir haben eine SMS an Ihre Frau geschickt, dass Sie hier sind, und sie wird morgen früh kommen und Sie abholen. Sind Sie jetzt zufrieden? Also dann versuchen Sie zu schlafen."

Was sie nicht wusste: Noch bevor sie den Mund öffnete, wusste ich schon innerlich, dass sie mich anlügen würde. Ich vermute, dass sie dachten, ich wäre noch nicht wieder ganz bei Bewusstsein, so dass sie mich leicht täuschen konnten.

Ich sagte zu ihr: "Aber ich habe Ihnen doch noch nicht die Telefonnummer meiner Frau gegeben, woher wussten Sie dann ihre Nummer? Und bitte zeigen Sie mir doch die SMS, damit ich sie selbst sehen kann."

Während ich sprach, sah ich die Verlegenheit in ihren Gesichtern. Sie wussten nicht mehr, was sie noch sagen sollten. Aber noch bevor ich zu Ende gesprochen hatte, trat meine Frau ins Zimmer und lächelte. Ich kann es kaum beschreiben, diese Freude und Erleichterung, die in diesem Augenblick mein Herz erfüllte. Die Schwestern lächelten und verließen das Zimmer.

Mit meiner Frau wieder vereint

Ich war so glücklich, meine Frau wiederzusehen, und in diesem Moment fühlte ich mich wie zuhause. Da ich nicht wollte, dass jemand mitbekam, worüber wir sprachen, fragte ich sie mit leiser Stimme: "Woher wusstest du, dass ich hier bin?"

Sie schaute mich an, sehr verwundert über meine Frage, und sagte: "Natürlich weiß ich, dass du hier bist."

Und ich sagte zu ihr: "Ich will nicht noch eine Nacht hier verbringen müssen. Bitte, kannst du die Ambulanz anrufen und mich in die Rudolfstiftung bringen lassen? Oder ruf Dr. Grünberger an, damit sie kommt und mich herausholt. Wenn du mich wirklich liebst, bitte rette mich, deinen Ehemann."

Sie war sehr schockiert und sagte dann: "Aber du bist doch in der Rudolfstiftung!"

Zuerst wollte ich ihr nicht glauben, aber sie sagte immer wieder, dass ich im Krankenhaus Rudolfstiftung sei. Ich bat sie, etwas leiser zu sprechen, da es überall Kameras gebe und alles, was wir sagten, aufgenommen werde.

Dies schockierte sie noch mehr; sie ging hinaus und kam ein paar Minuten später wieder herein und log mich an. Sie sagte: „Ich habe Dr. Grünberger angerufen. Sie hat gesagt, dass alles in Ordnung ist. Sie hat ein paar Leute geschickt, die kommen und dich in die Rudolfstiftung bringen."

Als ich dies hörte, wurde ich sofort ruhig und meine Frau kam und hielt mich in den Armen. Ich sagte zu ihr: „Jetzt, wo du hier bist, kann ich endlich meine Augen schließen und friedlich sterben."

Und das war der Moment, in dem sich all meine Panik, Furcht und Sorge in Luft auflösten. Tatsächlich lag ich im Krankenhaus Rudolfstiftung auf der Intensivstation; aber als ich mit den Schwestern sprach und meine Frau das Zimmer betrat – das war der Zeitpunkt, in dem ich aus dem Koma erwacht war. Diese beiden Schwestern, mit denen ich gesprochen hatte, und all das, was ich durchgemacht hatte – sowohl das Gute, das Schlechte als auch das Hässliche – gab es nur in einer geistigen Dimension. Bis heute war es sehr schwer für mich, dies zu glauben, denn alles, was ich gesehen hatte – vom Anfang bis zum Ende – erschien mir so real und so physisch.

Dr. Grünberger war die Ärztin, die sich 2007 um mich gekümmert hatte, als ich einen Hochrisikotumor im Magen hatte. Danach war sie ein sehr guter Freund der Familie für uns geworden. Ich habe noch nie zuvor eine so nette Ärztin gesehen wie sie, mit einem großen und liebevollen Herzen. Deshalb nenne ich sie meinen „Angel Doctor".

Und da war Christopher, der Physiotherapeut

Christopher, der Physiotherapeut, begegnete mir wirklich im realen Leben, in demselben Krankenhaus. Ein paar Tage, nachdem ich aus dem Koma erwacht war, betrat ein junger Mann mein Zimmer. Er trug ein weißes Hemd und eine weiße Hose, genauso, wie ich ihn in der geistigen Welt gesehen hatte.

Ich sagte zu ihm: "Ich kenne Sie! Sind Sie Christopher?"

Und er sagte: "Ja, ich werde mich um Ihre mechanischen Funktionen kümmern. Ich bin Physiotherapeut."

Und ich fragte ihn: "Waren Sie es nicht, der mir geholfen hat, dass ich wieder laufen kann?"

Er schaute mich verblüfft an und fragte: "Kennen wir uns?"

Und ich sagte: "Ja, natürlich! Sie haben mir doch geholfen, aufzustehen und wieder zu laufen, irgendwo in einem Garten, und danach bin ich sogar shoppen gegangen, in der Mariahilferstraße. "

Dann erwiderte er: "Tut mir leid. Das muss wohl ein Irrtum sein. Sie sind gerade aus dem Koma aufgewacht und ich bin hier, um

Ihnen zu helfen, Ihre Muskeln zu trainieren, damit Sie bald wieder laufen können. Außerdem ist die Mariahilferstraße etwa sechs Kilometer von hier entfernt; wie konnten Sie dann allein shoppen gehen, wenn Sie seit über einem Monat hier im Koma gelegen haben?"

Seine Antworten machten mich ratlos, denn ich war mir dessen, was ich sagte, ganz sicher. Manche würden es vielleicht eine Halluzination nennen, aber wie konnte ich dann seinen Namen wissen, noch bevor er sich mir überhaupt vorgestellt hatte? Ist es möglich, dass jemand durch eine reine Halluzination die Zukunft sehen kann?

Ich erfuhr, dass Christopher ein gläubiger Christ war; daher erzählte ich ihm einige der spirituellen Erlebnisse, die ich hatte, als ich im Koma war, und wie er mir geholfen hatte, wieder laufen zu können. Er war über die Geschichte sehr verwundert. Es war, als seien mir zukünftige Ereignisse gezeigt worden, während ich im Koma lag; denn es war derselbe Christopher, der mir geholfen hatte, meine Muskeln zu trainieren, damit ich wieder aufstehen und laufen konnte. Ich wusste ja nicht, dass die Muskeln schwinden, wenn man sie längere Zeit nicht benutzt hat. Ich konnte nicht einmal einen Teelöffel halten oder mein Telefon abnehmen; meine Muskeln und meine Kraft waren völlig verschwunden. Ich musste lange trainieren, bevor ich wieder selbständig etwas tun konnte.

16

Bedeutsame Geschehnisse

Es ereigneten sich einige ungewöhnliche Geschehnisse in meinem Zimmer, nachdem ich aus dem Koma erwacht war. Während ich noch im Bett lag, hörte ich manchmal den Alarmton von diesem seltsamen Ort, an dem Leichen seziert wurden. Und manchmal hörte ich die Vögel und die Adler vom Tor zum Paradies, wo ich gewesen war. Meine Ohren waren so sensibel geworden, dass ich es hören konnte, wenn in dreihundert Metern Entfernung eine Stecknadel auf den Boden fiel. Ich hatte immer noch Verbindung zur geistigen Welt.

Eines Tages sah ich, wie ein schwarzer Vogel in mein Zimmer flog; er hockte einige Zeit an der Wand. Ich drückte auf den Knopf in meiner Hand, um die Schwestern zu rufen. Eine der Schwestern kam in mein Zimmer, um zu fragen, was ich brauchte. Aber noch bevor sie herein kam, war der Vogel bereits durch das Fenster davon geflogen. Ich sagte der Schwester, dass ein schwarzer Vogel in mein Zimmer geflogen war und dass er durch das Fenster wieder hinausgeflogen war.

Die Schwester antwortete: "Das ist unmöglich; die Fenster sind alle geschlossen."

Um ehrlich zu sein: Ich möchte gar nicht wissen, was sie dachte; aber eines wusste ich: Was ich sah, war so real wie die Wirklichkeit.

Geister kommunizieren durch Gedanken

Das faszinierendste Ereignis geschah drei Tage, nachdem ich aus dem Koma erwacht war. Eines Nachmittags, als ich in meinem Bett lag, spürte ich plötzlich an meinem ganzen Körper eine Gänsehaut. Sofort kam mir meine Mutter in den Sinn. Ich weiß nicht warum, aber der Gedanke kam von selbst, und noch bevor ich etwas sagen konnte, begann plötzlich „Jack", mein Bett, sich auf und nieder zu bewegen. Ich drückte auf alle Knöpfe seitlich am Bett, um es zu stoppen. Aber es hörte nicht auf. Ich rief die Schwestern um Hilfe, aber noch bevor eine Schwester kam und mein Zimmer betrat, hörte das Bett auf, sich zu bewegen. Ich sagte der Schwester, dass mein Bett sich auf und nieder bewegte, aber sie glaubte mir nicht. Während wir noch redeten, kam eine andere Schwester ins Zimmer und sie erzählte ihr, was ich gesagt hatte.

Beide lachten und sagten mir, ich solle sie rufen, wenn es wieder passierte. Ich wusste, dass sie dachten, es wäre wieder eine meiner Gutenachtgeschichten, aber noch bevor sie das Zimmer verlassen hatten, begann mein Bett erneut, sich auf und nieder zu bewegen. Und diesmal noch viel stärker und schneller. Die beiden Schwestern waren sehr erschrocken und ratlos. Sie versuchten mit aller Kraft, es zu stoppen, aber es hörte nicht auf. Diesmal lachte ich sie aus, weil sie mir nicht geglaubt hatten. Sie gingen hinaus und riefen andere Kolleginnen zu Hilfe. Es hörte erst auf, als jemand das Kabel des Bettes aus der Steckdose an der Wand herausgezogen hatte. Danach mussten sie mich in ein anderes Bett verlegen.

Eine der Schwestern sagte zu mir: "Haben Sie keine Angst, dass so etwas passiert ist?"

Ich erwiderte: "Wie kann ich Angst haben, wenn ich doch gerade erst von den Toten zurückgekehrt bin? Ich habe keine Angst, nochmal zu sterben. Außerdem war es der Geist meiner Mutter, der das getan hat. Sie wollte mir zeigen, dass sie sehr glücklich ist, dass ich es zurück ins Leben geschafft habe. "

Die Schwester war sprachlos.

Für immer dankbar

Am Ende bin ich Gott, dem Allmächtigen, so von Herzen dankbar für seine Barmherzigkeit und seine nie endende Liebe, die er mir schenkt. Ich bin so dankbar, dass er mir erlaubt hat, diese Erfahrung zu machen, die mein Leben verändert hat, und gesund zurückzukehren. Der Arzt sagte mir, dass 95 % der Leute, die dasselbe hatten wie ich, es nicht schafften und dass die verbleibenden 5 %, die es schafften, nach dem Aufwachen nicht so gesund waren, wie ich es war. Entweder hatten sie ihre Erinnerung verloren, oder sie waren einseitig gelähmt. Gott hat dieses Wunder getan, dass er mich gesund zurückgeschickt hat, mit all meinen Erinnerungen und körperlichen Funktionen. Ich werde ihm für immer dankbar sein, für den Rest meines Lebens.

Nachwort

Dies ist meine Geschichte. Es ist keine Fantasiegeschichte und kein Science-Fiction. Es war mein eigenes, wirkliches Nahtod-Erlebnis, und es wurde genauso geschrieben, wie es geschah. Meine Brüder und Schwestern, ich bin hier, um euch zu sagen, dass der Tod nicht das Ende des Lebens ist. Der Tod ist nur der Anfang einer Reise in ein anderes, neues Leben; aber dadurch, wie ihr euer

Leben auf dieser Erde gelebt habt, entscheidet sich, wohin ihr im nächsten Leben gehen werdet. Die Frage ist: Wohin möchtet ihr nach diesem Leben gehen? Möchtet ihr in die Hölle, oder möchtet ihr in den Himmel? Die Entscheidung liegt allein bei euch. In die Hölle zu gehen, ist so einfach. Man muss gar nichts dafür tun. Man muss nur so leben, wie man will, und alles tun, was man will. Wenn man aber in den Himmel möchte, muss man hart dafür arbeiten.

17

Fragen, die mir gestellt wurden

Einige haben mich gefragt: "Was muss ich tun, um in den Himmel zu kommen?" Und ich habe ihnen folgendes gesagt:

Erstens: Wir sollen Gott fürchten und seine Gebote halten. So sagt die Bibel in „Prediger" Kap. 12:13-14: „Lasst uns die Hauptsumme aller Lehre hören: Fürchte Gott und halte Seine Gebote; denn das gilt für alle Menschen. *[Wortlaut aus „Ecclesiastes (ESV):... for this is the whole duty of man /"denn dies ist die gesamte Pflicht des Menschen"/Anmerkung d. Übers.]* Denn Gott wird alle Werke vor Gericht bringen, alles, was verborgen ist, es sei gut oder böse."

Zwei Aussagen sollten wir hierbei besonders beachten. Die erste: "denn dies ist die gesamte Pflicht des Menschen." Besonders zu betonen sind die Begriffe *„whole"* *[„gesamte"]* und *„duty"* *[„Pflicht"]*. Die Frage ist: Kann man bei einer Firma arbeiten, ohne seine Pflichten zu kennen? Und was würde einem wohl passieren, wenn man sich weigern würde, seine Pflichten zu erfüllen? Was würde passieren, wenn man einen Teil seiner Pflichten erfüllen und andere Teile nicht erfüllen würde? Die Antworten überlasse ich euch.

Die zweite Aussage lautet: „Gott wird alle Werke vor Gericht bringen, alles, was verborgen ist, es sei gut oder böse." Dies bedeutet, dass alles, was wir auf der Erde tun, im Himmel aufgezeichnet wird; sogar die geheimen Gedanken unserer Herzen und unseres Geistes, seien sie gut oder böse. Dies soll uns zeigen, dass wir nicht vor Gott weglaufen oder uns vor Ihm verstecken können. Vor Gott sind wir wie nackte kleine Babys, die auf ihren Bettchen liegen und darauf warten, dass ihnen die Windeln gewechselt werden. Je eher wir erkennen, dass Gott jede einzelne Tat sieht, die wir auf dieser Erde tun – unsere Absichten und unsere Handlungen, sowohl in der Dunkelheit als auch im Licht, im Geheimen als auch in der Öffentlichkeit –, umso besser ist es für uns, wenn wir wissen, dass wir zwar jeden Menschen auf der Welt täuschen können, aber nicht Gott täuschen können. Er kannte uns schon, bevor wir geboren wurden, und er weiß, wie viele Haarsträhnen wir auf dem Kopf haben, was wir selbst noch nicht einmal wissen.

Zweitens: Haltet euch von jeder Sünde fern. Haltet euch von allem fern, was euren Geist und eure Seele beschmutzen könnte, denn in der Bibel heißt es in Jesaja 59:2: „Nein, was zwischen euch und eurem Gott steht, das sind eure Vergehen; eure Sünden verdecken Sein Gesicht, sodass Er euch nicht hört."

Gott setzt in jeden Menschen einen Kontrollmechanismus hinein, den man das „Gewissen" nennt. Es ist diese leise Stimme in unseren Herzen, die zu uns sagt: „Tu dies nicht", „Tu jenes nicht", „Dies ist falsch" oder: „Dies ist richtig". Aber viele von uns haben sich dafür entschieden, weiterhin tief in Sünde zu leben. Dies trennt uns von Gott, und damit wird die Stimme Gottes in uns, also unser Gewissen, getötet. Das ist der Grund, warum bei vielen Menschen das Gewissen seit langer Zeit tot ist, denn sie haben in ihrem Leben keinen Platz mehr für Gott. Sie können nicht mehr zwischen „gut" und „böse" unterscheiden. Wir müssen unser Gewissen reaktivieren, auf unser Gewissen hören und ihm erlauben, unser oberster Richter zu sein, der uns bei allem, was wir sagen oder tun – auch den kleinsten Dingen – führt und leitet.

Drittens: Wir sollten demütig sein und jede Spur von Ego in unseren Herzen beseitigen, denn wo das Ego im Mittelpunkt steht, da gibt es keinen Raum für Gott. Man kann nicht Gott anbeten oder erfreuen, wenn man auf sich selbst zentriert ist. Diese Welt wäre ein besserer Ort, wenn es kein Ego gebe. Es gibt zu viele Wünsche; zu viele Menschen und Nationen kämpfen um Macht und Geld. All dies aber ist vergänglich, denn in der Bibel steht in Psalm 90:10: „Unser Leben währet siebzig Jahre, und wenn es hoch kommt, sind es achtzig. Das Beste daran ist nur Mühsal und Beschwer, rasch geht es vorbei, wir fliegen dahin." Auch der Mächtigste auf dieser Welt wird eines Tages sterben; und dann wird er sich automatisch dort wiederfinden, wo er hingehört – ob es ihm gefällt oder nicht.

Nur auf dieser Welt können Menschen gegen das Gesetz verstoßen. In der geistigen Welt hat man gar nicht die Macht, um gegen das Gesetz zu verstoßen. Man hat nicht die Macht, um die Hölle abzulehnen, selbst wenn man der mächtigste Mensch auf der Erde war. Der Einzige, von dem ich gehört habe, dass er in einer geistigen Welt gegen das Gesetz verstoßen hat, war Luzifer, und seine ewige Strafe haben wir alle gesehen – er wurde aus Gottes Reich verjagt und in das ewige Höllenfeuer hinabgestoßen, aufgrund seines Hochmuts und seines Egos. Er war der schönste und mächtigste Engel Gottes, aber aufgrund seines Egos wollte er mehr, wie Oliver Twist. Er wollte wie Gott sein; und genau das ist das Problem, das wir heute auf der Welt haben. In „Prediger" Kap. 12:8 steht geschrieben: „Es ist alles ganz eitel, spricht der Prediger, ganz eitel." Warum also verschwenden wir die uns von Gott ge-

schenkte Zeit, indem wir all diesen Dingen nachjagen, die letztendlich doch vergänglich sind? Es ist wirklich so, als würde man
dem Wind nachjagen. In 1. Timotheus 4:8 heißt es: „Denn körperliche Übung nützt nur wenig, die Frömmigkeit aber ist nützlich zu
allem: Ihr ist das gegenwärtige und das zukünftige Leben verhei-
ßen."

Viertens: Wir müssen aufrichtig und demütig Jesus Christus als
unseren persönlichen Herrn und Erlöser annehmen. Wir alle haben
gesündigt und sind die Herrlichkeit Gottes nicht wert, aber durch
das kostbare Blut Jesu Christi, das Er am Kreuz für uns vergossen
hat, wurden wir erlöst, und uns wird vergeben. In Johannes 14:6
antwortete Jesus: "Ich bin der Weg und die Wahrheit und das Leben; niemand kommt zum Vater denn durch mich." Und in Matthäus 11:27 steht geschrieben: „Alles ist mir übergeben von meinem Vater; und niemand kennt den Sohn als nur der Vater; und
niemand kennt den Vater als nur der Sohn und wem es der Sohn
offenbaren will." Dies sagt uns, dass Jesus der Schlüssel zum Himmel ist! Man kann nicht ein Haus betreten, wenn man nicht den
Schlüssel dazu hat, und wer versucht, über den Hinterhof oder
durch das Fenster einzudringen, ist sicherlich ein Einbrecher. Er
sollte gefangen genommen und vor Gericht gestellt werden.

Fünftens: Vergebung! Ich habe immer jedem gesagt, einschließ-
lich mir selbst, dass wir jedes Mal, wenn wir beten, Gott darum
bitten sollten, uns mit dem Geist der Vergebung zu segnen, denn –
ehrlich gesagt – es ist menschlich unmöglich, jedem Menschen zu
vergeben, der uns absichtlich oder auch unabsichtlich Unrecht getan hat. Aber mit Gott und dem Heiligen Geist in uns sind alle
Dinge möglich. Vergebung ist so unverzichtbar für die Erlösung
der Menschen.

Die meiste Zeit denke ich, dass Gott mich auf diese Erde zurückgeschickt hat, um Vergebung zu predigen. Es war die wichtigste Lektion, die mir für immer am Herzen liegen wird, nachdem der Schmetterling mich aufgefordert hatte, wieder hinunter zu gehen und die kleinen schwarzen Flecken auf dem Schnee zu reinigen. Diese Flecken bedeuteten den Groll, den ich gegen Leute hegte, die mir in der Vergangenheit Unrecht getan hatten. Ich bin so froh, dass ich mit den meisten der Leute, mit denen ich Probleme hatte, Frieden geschlossen habe; und bis heute suche ich immer noch in meinem Herzen, ob ich noch irgendwo ein paar kleine Kratzer finden kann, die sich noch in irgendeiner Ecke versteckt halten könnten. Wie wichtig es ist, zu vergeben, können wir daran erkennen, dass Jesus im Vaterunser, das direkt vom Himmel kam, von Vergebung sprach, als er in Matthäus 6:12 sagte: "Und vergib uns unsere Schuld, wie auch wir vergeben unsern Schuldigern." Dies bedeutet, dass uns unsere Sünden nicht vergeben werden können, wenn wir nicht selbst auch jenen vergeben, die uns Unrecht getan haben. Diese Dinge sind wie das Gesetz der Natur. Man kann nicht gegen das Naturgesetz handeln oder es täuschen – geschweige denn das Gesetz Gottes! Wenn wir also anderen vergeben, dann werden uns auch unsere eigenen Sünden vergeben. Wie es in Matthäus 6:15 steht: „Wenn ihr aber den Menschen nicht vergebt, so wird euch euer Vater eure Verfehlungen auch nicht vergeben."

Und der letzte Punkt ist die Liebe. Liebe ist eines der größten Gebote, die Gott dem Menschen gegeben hat, denn alle anderen Gebote sind erfüllt in der Liebe. In Römer 13:10 heißt es: „Die Liebe tut dem Nächsten nichts Böses. Also ist die Liebe die Erfüllung des Gesetzes." Wenn man wahrhaftige Liebe in seinem Herzen hat, dann kann man niemanden belügen, niemanden töten, keine boshaften Gedanken gegen jemanden hegen, niemanden bestehlen, und so weiter und so fort. Sehr deutlich heißt es in Römer 13:9: „Denn die Gebote: Du sollst nicht die Ehe brechen; du sollst nicht töten; du sollst nicht stehlen; du sollst nicht begehren, und alle anderen Gebote sind in dem einen Satz zusammengefasst: Du sollst deinen Nächsten lieben wie dich selbst."

18

Mein Wunsch

Wenn ihr diese Dinge beachtet und in die Tat umsetzt, meine Brüder und Schwestern, dann seid ihr auf dem richtigen Weg. Ich wünsche mir, dass jeder Mensch auf dieser Welt einen kurzen Blick
werfen könnte auf das, was auf der anderen Seite auf uns wartet –
was Gott für uns vorbereitet hat, und wie sehr er uns liebt. Wenn
ihr tatsächlich seht, wie sehr Gott euch liebt, dann werdet ihr nie
etwas tun, was ihm missfällt. Man spricht oft von der Mutterliebe
oder von der Bindung einer Mutter zu ihrem Kind, was meist die
stärkste Liebe ist, die auf dieser Welt existiert. Aber ich möchte
euch an dieser Stelle sagen, dass auch die Liebe einer Mutter ein
Ende hat; sie hat eine Grenze. Es könnte etwas geben, was ihr eurer
Mutter antun könntet, so dass sie euch hassen und für immer verstoßen würde. Aber Gottes Liebe lässt sich niemals mit Worten
beschreiben. Sie hat kein Ende. Sie hat keinen Raum, und daher
kann sie mit keinerlei Maß gemessen werden. Er ist immer da, mit
offenen Armen, bereit, voll und ganz zu vergeben. Wenn wir Ihn
in unserem Leben nur erkennen könnten, wenn wir nur einen einzigen Schritt auf Ihn zu machen würden – Er ist immer bereit, uns
auf halbem Weg entgegen zu kommen, um uns zu segnen und uns
mit Seiner unendlichen Liebe zu überschütten.

Eine kleine Bitte

Wenn du zufällig auf dieses Buch gestoßen bist und es dir Freude
gebracht hat, es zu lesen – warum nicht eine andere Seele damit

erfreuen, indem du es an deine Lieben oder an jemanden in deiner Umgebung weitergibst? Du kannst dieses Buch auch deinen Nachbarn oder Arbeitskollegen weiterempfehlen. Du kannst es auch in sozialen Netzwerken weiterempfehlen. Dann wirst du von unserem Vater im Himmel gesegnet sein, der all unser Tun, sowohl im Geheimen als auch in der Öffentlichkeit, sieht. Er wird dich segnen, weil du Sein Evangelium weitergibst und vielleicht eine weitere Seele rettest. In Markus 16:15 heißt es: „Und er sprach zu ihnen: Gehet hin in alle Welt und predigt das Evangelium aller Kreatur."

Man muss kein Pastor sein, um das Evangelium zu predigen

Ich bin kein Pastor, und ich muss auch keiner werden, um das Evangelium zu predigen. Ich bin ein Kind Gottes und ich glaube an Jesus Christus, seinen geliebten Sohn. Und dieses Buch, in dem ich Zeugnis abgebe, ist mein eigener Beitrag zur Verbreitung des Evangeliums. Ich möchte gern das Gebet, das ich aufrichtig zu Gott gesprochen habe, bevor ich begann, dieses Buch zu schreiben, mit euch teilen.

Ich sagte: „Vater! Da Du beschlossen hast, mich zurück ins Leben zu schicken, muss es einen Grund dafür geben, denn ich weiß, dass ich es nicht verdient habe, zu leben. Aber Du hattest Erbarmen mit mir. Wenn der Grund darin besteht, die Erfahrung, die ich mit Dir gemacht habe, mit anderen zu teilen, damit Seelen gerettet werden, dann bitte gib mir all die Mittel und Unterstützung, die ich brauche, um dieses Buch zu schreiben und zu veröffentlichen. Denn ich tue nicht meine eigene Arbeit, sondern Deinen Willen, und das ist die Verbreitung des Evangeliums. Danke Dir, Herr, denn ich weiß, dass Du es getan hast, in Jesu Namen. Amen."

Nach diesem Gebet sagte ich zu mir selbst: *Wenn ich mit dem Schreiben dieses Buches auch nur eine einzige Seele in den Himmel bringe, dann wäre es das Größte, was ich auf der Erde je getan habe, denn ich weiß, dass Gott, der Allmächtige, und seine Engel über jede einzelne Seele jubeln, die gerettet wurde.*

AUTHOR KONTAKT [uccola@yahoo.com]